Sei das Licht, das du bist,
aus der Liebe, der Quelle allen Seins.
Licht urteilt nicht.
Licht scheint!

AufwachPerlen

Inspiration

in Zeiten des Wandels

Marion Elend

Bibliografische Information der Deutschen Nationalbibliothek:
Die Deutsche Nationalbibliothek verzeichnet diese Publikation in der Deutschen Nationalbibliografie; detaillierte bibliografische Daten sind im Internet über http://dnb.dnb.de abrufbar.

Autorin / Lektorat / Cover: Marion Elend

Cover-Foto: ID 4924546 über Pixabay

Druck und Distribution im Auftrag :
tredition GmbH, An der Strusbek 10, 22926 Ahrensburg, Germany

ISBN Softcover: 978-3-347-91485-8
ISBN E-Book: 978-3-347-91486-5

Inhalt

Einleitung

Wer bin ich, wenn nichts vom Alten übrig bleibt?

Eine Frage, die 2017 den Beginn meiner SchreibReise einläutete. Eine Reise, die zu einer ganz unerwarteten Reise hin zu mir wurde. Hin zu einem Moment, der mich erkennen ließ, dass wir unseren Weg im Kleinen schlicht gehen, weil die Welt im Großen ihn und uns braucht. Weil sie genau diese, unsere einmaligen Erfahrungen braucht.

Meine Inspiration für den Wandel in mir, die hiermit zu einer Inspiration für den Wandel in der Welt werden darf.

Das Licht, das ich fand, es möchte gesehen werden.

Das Lichtvolle in mir, es ist lichtvoll, um ein Licht zu sein, für so viele, die im Dunkeln tappen mögen. Für die es einen Weg weisen darf in das Lichtvolle dieser Welt, das nur in sich selbst gefunden werden kann. Kann, darf und soll.

Das Lichtvolle in mir, das erkenne an als eine Einladung an das Lichtvolle in dir. Auf dass du den Mut fassen mögest, dich deinem Licht zu nähern.

Das Licht, es kann durch nichts gestoppt werden. Sofern es unser wahrhaftiges Licht ist. Sofern es sich nicht fußt auf einem äußeren Schein, auf äußeren Werten, auf Greifbarem und Sichtbarem, das festgehalten werden muss, damit ein Licht leuchtet.

Das wahre Licht, es ist immer da.

Es ist der letzte Funke in der Dunkelheit.
Es ist das Glimmen im Nebel.
Es ist der Mut der Verzweiflung, der uns antreibt.
Es ist die Sehnsucht nach einem besseren,
nach einem erfüllten Leben.

Erfüllung. Seit einem ersten Benennen mein Ziel. Zwischen einem ersten Erfühlen und meinem Heute lag viel Arbeit. Viele Tränen und viele Täler und doch immer auch das Gefühl, auf dem richtigen Weg zu sein. Immer doch auch ein ausreichendes Level an Erfüllung, um nicht zurück zu wollen. Was mir half, den Weg zu gehen, das sind und waren meine Texte. Worte, die ich durch mich fließen lassen durfte. Worte, die ich als Führung meiner Seele erkannte. Worte, die immer häufiger auch aus höheren Sphären zu stammen schienen. Die mir Zuversicht wiesen, Erkenntnisse bereit hielten und halfen, den Blick nach vorne zu richten.

So entstand diese Sammlung an AufwachPerlen, wie ich sie nenne. Eine Ansammlung an Schätzen, die berühren und die in die Welt gehen möchten.

Auf dass sie die Dunkelheit erhellen mögen. Auf dass sie helfen mögen, den Blick zu weiten, über das Sichtbare hinaus. Auf dass sie helfen mögen, Herzen und Türen zu öffnen, hin zu unserer wahren, unserer göttlichen Natur, hin zu unserem SchöpferSein.

Marion Elend
im Mai 2023

Über die Liebe

Die Liebe

Die Liebe, die ihr gebt, sie ist unbezahlbar.
Die Liebe, die du gibst, sie ist unbezahlbar.

Sie ist da
für alle, die fühlen.

Sie ist da
für alle, die nicht fühlen.

Sie ist da
für alle.

Weil sie ist.
Weil ihr Liebe seid.

Verkörperte, unendliche Liebe auf eurer Reise durch die Zeit.

Eine Zeit, die gewaltig ist.
Gewaltig und umwerfend.
Spannend und aufwühlend.

Ein Umbruch sondergleichen,
den ihr gemeinsam erleben wolltet.
Den ihr nun durchlebt und euch sehnt nach der Gemeinsamkeit,
euch sehnt nach der Gemeinschaft,
euch sehnt nach eurem Ursprung,
ohne es zu wissen.

Das Ablehnen der Spaltung, die Sehnsucht nach der Gemeinschaft, es ist nichts anderes als die Sehnsucht nach dem EinsSein, nach dem Einen, das ihr seid.

Vereinzelte Teile des einen Bewusstseins, das alles formt.
Vereinzelt in eurer Wahrnehmung, die sich wandeln darf.

Hin zum EinsSein.
Hin zu dem Gefühl,
dass dein Nächster,
dass er du bist,
dass sie du bist.

Liebe deinen Nächsten wie dich selbst.
Liebe dich.
Ehre dich für dein Sein in dieser Welt.
Ehre dich für dein Dasein in diesen wilden Zeiten.

So viele wollten es durchleben,
doch du bist es, die nun hier steht.

Die ihre Rolle einnimmt.
Seit ewigen Zeiten geplant.

So wie ein jeder seine Rolle einnehmen darf.

Eine Achterbahn für einen jeden.
Dafür: für das Finden eurer Rollen.
Für das Leben der Leben, für die ihr kamt.
Die Leben, die alles in Frieden bringen werden.
Die ein Segen sind für euch und die Welt.

Ein jeder ist gesegnet in seinem Sein
und ein jeder ist gesegnet in seinem Tun.

Auch jene, die ihr nicht zur Gemeinschaft zählt.

Sie sind es. Teile des Ganzen. Ihre Rolle einnehmend.
Die für den Moment als die der Gegenseite erscheint
und es doch nicht ist.

Es ist ein Spiel. Und ihr seid Schauspieler.
Doch vergesst nicht, ihr seid auch die Regisseure, die Drehbuchschreiber, die Statisten. Ihr seid, was ihr wählt.

Und der Aufruf ist genau dieser:

Werde Schöpfer.
Öffne deine Augen.
Verlasse die Opferrolle.

Du bist groß.
Du bist göttliches Wesen.
Du bist Schöpfer.

Glaube es.
Fühle es.
Lebe es.

Unbezahlbar ist, was ihr gebt.
Unbezahlbar.

Ihr gebt
und euch wird gegeben werden.

Ihr könnt nicht anders.
Wir können nicht anders.
Das Leben kann nicht anders.

Unbesorgt geht voran auf eurem Weg durch die Zeit.

Ihr für euch,
ihr für uns.

In Liebe und Zuversicht voran.

Liebe deinen Nächsten

Liebe deinen Nächsten wie dich selbst
Und die Umsetzung dessen, sie bedarf der Selbstliebe.

Wer sich nicht liebt, der hasst den anderen wie sich selbst, der ignoriert den anderen wie sich selbst und der macht den anderen klein wie sich selbst.

Wie also kommen wir in diesen Zustand, da ein Liebe deinen Nächsten wie dich selbst zu einem liebevollen Miteinander führt?

Durch die Schatten hindurch und durch die Verbundenheit hindurch.

Erkenne deinen Anteil an deiner Nichtliebe für dich selbst.
Es gibt nichts anderes als deinen Anteil.
Umarme ihn.
Umarme die Schatten, die dich von dir selber trennen.
Umarme, liebe und integriere sie.

Sie machen dich zu dem, was du bist. So wie ihr Durchleben und Verabschieden deinen heilen Kern ans Licht holt, so formen sie auf ewig deine Schwingung.

Im Transzendieren leben wir uns selbst.
Auf allen Ebenen.
Wahrer Mensch und wahrer Gott.
In ehrender Anerkennung unserer göttlichen Quelle und dessen, was unsere Schatten uns lehren.

Im Wissen darum, dass wir uns heilen für uns und für alle.

Im Bewusstsein dessen, dass wir alle dem Einheitsbewusstsein entstammen. Fokussierte Energie in Form gebracht, in die Materie gebracht, den Weg zu finden in die Selbstliebe, die in ihrem wahren Ausdruck zur Nächstenliebe wird. Den Weg zu finden in die Nächstenliebe, die nichts als Selbstliebe ist.

Den Weg zu finden in die Verbundenheit mit Allem, was ist, auf dass wir uns als Seelenwesen gemeinsam erinnern, gemeinsam aufschwingen, gemeinsam unsere Mission leben eines Aufstiegs in die Dimensionen, aus denen wir kamen.

Unser Spiel zu spielen, wie im Himmel so auf Erden.
Wo Nächstenliebe nicht mehr gepredigt werden muss,
sondern uns in Fleisch und Blut übergegangen ist.

Liebe dich und deinen Nächsten,
liebe Gaia, Sonne, Mond und Sterne,
liebe das Universum
– wie dich selbst.

Weil du es bist!

*****

Lasst die Liebe Einzug halten

Lasst endlich die Liebe Einzug halten.
In euch, in euer Leben, in euer Miteinander.

Die wahre Liebe.
Die bedingungslose Liebe.
Die Liebe, so wie sie gemeint ist.
Die Liebe, die liebt, um ihrer selbst willen.
Die Liebe die gibt, um des Gebens willen.
Die Liebe, die lebendig ist, um des Lebens willen.
Die Liebe, die sich durch sich selber nährt
und die im Geben wächst.
Die Liebe, die als göttliche Kraft uns durchfließt,
um sich durch uns zu verschenken.

Lasst die Liebe Einzug halten in eure Gedanken und Taten,
die sich um euch drehen.
Lasst sie Einzug halten in eure Gedanken und Taten,
die sich um eure Mitmenschen drehen.
Lasst sie Einzug halten in all eure Gedanken und Taten.
In alle.

Mag es um Greifbares oder Nicht-Greifbares gehen.
Mag es um das Leben um euch herum gehen, um Tiere,
Pflanzen oder Steine. Mag es um Materielles gehen,
um vermeintlich tote Materie.

Alles ist Eins.
Alles ist Energie.
Alles ist Gott.

Du bist Gott.

Individuell, einmalig, göttlich.
Hier um zu scheinen.
Hier um zu schöpfen.
Hier um den Himmel auf Erden zu leben.
Nichts anderes soll unser Anspruch sein.

Lasst die Liebe Einzug halten und verabschiedet euch von der Angst. Wir sind hier als unsterbliche Seelen, denen kein Tod etwas anhaben kann. Wir sind Bewusstsein, dass nicht nicht-existieren kann. Wir sind Schöpfer und ein jeglicher Moment wirkt sich aus, auf Alles, was ist.

Lasst uns diese Schöpfermacht bewusst leben.
Uns ihrer bewusst sein, an sie glauben und sie leben.
Uns ihrer bewusst sein, und sie einsetzen zum Wohle aller.
Uns ihrer bewusst sein, und in Liebe ein wertschätzendes Miteinander kreieren. Ein Miteinander mit Allem, was ist.

Auf dass ein jeder sich einbringt in seiner Einmaligkeit,
mit seiner Liebe, mit seinem ganz speziellen Ausdruck
des Lebens und der Liebe.
Auf dass ein jeder sich einbringt als der perfekte Puzzlestein
im göttlichen Plan für diese Welt.
Auf dass wir nicht nur uns, sondern diese Welt, unsere vorübergehende Heimat, zum Strahlen bringen, um dereinst heimzukehren in unsere SternenHeimat, in dem Bewusstsein, alles gegeben zu haben.

Unseren Seelenplan gelebt zu haben.
Unsere Mission erfüllt zu haben.
Unseren Abdruck der Liebe auf dem Planeten
hinterlassen zu haben.

Lassen wir sie einziehen, die Liebe, in Alles, was ist.

Der Weg durch die Angst

Die Angst vor der Trennung

Die Angst vor der Trennung ist euer Problem, eure Herausforderung. Sie zu überwinden eure Aufgabe.

Der Urschmerz ist der Schmerz der Abtrennung von der Quelle, den ihr alle freiwillig wähltet. Ein jeder Schmerz im MenschSein ist seine Wiederholung.
In mannigfacher Ausführung.

Eine jede Angst ist die Angst vor dem Schmerz einer Wiederholung dessen, was auf Seelenebene nie geschah. Die Abtrennung von der Quelle. Ein GetrenntSein von Allem, was ist.

Geistiges Wesen, geliebtes, geistiges, göttliches Wesen, das du bist, getragen, gehalten und geborgen in der Energie des AllEinen, Teil der Unendlichkeit, wovor solltest du dich fürchten, so du in diesem Bewusstsein unterwegs wärest!?

Erinnere dich, Bewusstsein, das du bist.
Erinnere dich an dich zurück.

Du kamst, um die Trennung zu erfahren und du kamst, um die Trennung zu überwinden. Pole zu verbinden, das EinsSein hinter allem zu entdecken, es zu fühlen, es zu leben.

Heiße die Angst willkommen als einen Wegweiser nach Hause. Erkenne die Illusion und sei.

Sein trennt nicht,
Sein ist!

Zweifel und Angst

Der Zweifel.
Er wird nie ganz verschwinden.
Dafür seid ihr Mensch.

Willst du im Vertrauen leben, im Urvertrauen und in der Seelenruhe, so ist dies immer wieder eine Entscheidung, wie es auch ein Selbstläufer ist. Natürlich bist du geführt. Doch es braucht auch die fortwährende Entscheidung für unsere Führung, für diesen Weg, für deinen Weg.

Wie lebt sich Einheit in der Dualität?

Um dieser Frage, um deiner Antwort darauf Ausdruck zu geben, dafür seid ihr hier und dafür sind auch die Zweifel gut.

Zum Abklären. Zum Verifizieren. Zum Reflektieren.

Ihr dürft euch nicht sicher sein, sonst wäret ihr nicht mehr achtsam, aufmerksam, lauschend, fühlend. Die Zweifel sind nötig, um euch wach zu halten. Sie dienen euch. Sie wollen euch nicht behindern oder aufhalten. Sie sind der Abgleich, um den wahren Weg zu erspüren, immer und immer wieder.

Was fühlt sich im Herzen wahr an?
Dem folge!

Zweifel kommen nicht aus dem Herzen.
Es ist der Verstand, der Zweifel sät.

Trete zurück!
Wenn du zurücktreten kannst, wenn du dies erkennst, reflektierst, und dich bedankst, dann werden auch Zweifel zu nützlichen Wegweisern.

Zweifel und Angst sind menschlich. Wir haben euch keine Gefühle mitgegeben, die euch nicht nützen.

Es ist schlicht ein veränderter Blickwinkel
– und alles macht Sinn!

Die gelebte Apokalypse

Wir durchschreiten sie.
Wir durchleben sie.
Wir lassen sie hinter uns.

Die gelebte Apokalypse.
Eine Zeitenwende.
Eine Offenbarung, die nur einem dient:
der Enthüllung unseres wahren Wesens.

Unserer Schöpfernatur.

Es ist dies eine Apokalypse, die alles Veraltete niederbrennt,
Kartenhäuser, die in sich zusammenfallen,
Systeme, die scheinbar an die Wand gefahren werden.

Seid dankbar.
Was für eine Gnade dies doch ist.

Wir werden erlöst. Erlöst von all dem Unmenschlichen,
von all der Ausbeutung, all der Ungerechtigkeit.
Wir bewegen uns nicht auf die Hölle zu, wir entrinnen ihr.

Es ist dies eine Erlösung, die unseres Zutuns bedarf.
Wir erlösen uns selber.

Es braucht die Entscheidung und es braucht den Willen.
Es braucht die Vision und es braucht die Tat.
Es braucht den Glauben und die Gewissheit,
dass dies auf uns wartet: eine Neue Welt!

Eine Neue Welt, die in den Sternen steht und von uns
erschaffen werden möchte. Eine Neue Welt, die wir erschaffen
– mit einem jeden einzelnen Schritt ins Ungewisse.

Das Ungewisse wird Formen bekommen
und wir werden diese Formen erschaffen.

Wir werden uns als die Schöpfer erkennen,
als die wir gedacht sind.

Erschaffer eines Himmels auf Erden.
Erschaffer eines bedingungslosen Miteinanders.
Erschaffer einer goldenen Zukunft.

Denke groß.
Träume groß.
Manifestiere groß.
Und glaube daran, dass es bereits geschehen ist.

Wenn Zeit eine Illusion ist, dann gibt es diese Zukunft bereits.
Dann schwingt sie bereits auf einer Ebene im AllEinen,
der wir uns annähern dürfen.
In die wir uns einschwingen dürfen.

Schwingen wir uns auf.
In eine Glückseligkeit hinein, die einem jeden
erstrebenswert erscheinen wird.

Lasst uns die Vorbilder sein, einfach durch unser Sein.
Lasst uns darauf vertrauen, dass wir die Leuchttürme sind,
die diese Welt braucht.

Wir sind die, auf die wir gewartet haben.
Wir sind unser Morgen.
Wir sind der goldene Weg.

Die Nachtfahrt der Seele

Die Menschheit im Kollektiv ist eingeladen zu einer Nachtfahrt der Seele, ob der einzelne dies nun wünscht oder auch nicht.

Es ist an der Zeit, sich den Schatten zu stellen.
Den eigenen im Kleinen und denen der Welt im Großen.
Wegschauen wird unmöglich gemacht werden.

Die Menschheit darf sich reinigen.
Gaia wird sich reinigen.
Die Zukunft ruft nach einer Bereinigung auf allen Ebenen.

Alles wider der Natur,
Alles wider dem Menschlichen,
Alles wider unseres göttlichen Ursprungs,
es darf verschwinden.

Es muss gehen und verabschiedet werden.
Willentlich verabschiedet werden.

Für ein bereinigtes Morgen, in dem ein Miteinander
in Liebe und Frieden möglich und gewollt ist.

Die Nachtfahrt des Kollektivs.
Eine Zeit der Ungewissheit, in der Altes sterben und Neues geboren werden darf. In der wir alle auf uns zurückgeworfen werden, weil nichts vom Alten übrig bleibt.

Doch was bleibt?

Das Wahrhaftige bleibt.
Unsere Essenz bleibt.
Unser Sein.
Unser „Ich Bin“
jenseits aller Konstrukte im Außen.

Der Weg dorthin mag angstvoll erscheinen.
Unsicher, unplanbar und unwägbar.

Jeglicher Kontrolle beraubt gehen wir in den freien Fall.
Um uns zu finden. Um herauszufinden, was in uns steckt.
Um all unseren Reichtum, all unsere Sehnsüchte und
all unsere Werte, um sie in uns zu finden.
Zu finden, zu ehren und zu schätzen.
Und um aus ihnen heraus zu erschaffen.

Durch den Schatten ins Licht.
Keine Neuschöpfung verträgt alten Boden.
Er darf uns entrissen werden.
Er darf, muss, soll und wird uns entrissen werden.

Nicht nur um Schatten sichtbar zu machen,
sondern auch um Hingabe nötig zu machen.
Um ein Leben fern von Ego und Verstand zu erlernen.
Um in den Fluss des Lebens einzusteigen.
Um nach dem einzig wahren Strohhalm zu greifen,
der mehr als nur ein Strohhalm ist.

Unsere innere Stimme.
Unsere Seelenführung.
Einzig sie wird uns den Weg weisen können
in eine bessere, in eine goldene Zukunft.

Lerne ihr zu lauschen, zu vertrauen und zu folgen
und die Nachtfahrt der Seele wird zu einer Fahrt
in den Himmel auf Erden werden.

Für alle.
Für die Menschheit.
Für das Kollektiv, das wir sind.

Alle Eins,
AllEins, mit uns, mit Gaia
und mit unserem göttlichen Ursprung.

Das Überwinden der Trennung
wird Ziel, Weg und Belohnung sein.

Durch den Schatten ins Licht.

Für uns alle
mit Zuversicht
voran!

*****

Wie komme ich in den Himmel?

Stellt euch den größten Ängsten und den tiefsten Verletzungen und das Licht, das ihr seid, wird in der tiefsten Wunde das Dunkel erhellen. Dafür habt ihr sie. Als Wegweiser ins Licht und in den Himmel auf Erden.

Die Wunde, die Angst und die Seele – mehr braucht es nicht.

Auf der menschlichen Ebene ist es die größte Verletzung, hinter der sich der größte Schatz verbirgt.
Die größte Wunde mit der größten Angst ist die Hürde vor dem größten Gewinn – dir selber.

Finde dich, dann folge dir.
Folge deinen Ängsten und folge deiner Seele.
Dies ist die eine einmalige Kombination eines jeden Wesens, um den Himmel auf Erden zu erleben.

Was gilt es anzuschauen?
– die Wunde.

Wie gilt es, sich dieser Herausforderung zu stellen?
– die Seele weist den Weg.

Um am Ende das zu sein, was du wirklich bist.

Göttliches Wesen, eingetaucht in die Erfahrungsebene
eines menschlichen Lebens.

Aus der Einheit in die Zweiheit, in die Dualität.

Aus der Einheit in die Trennung,
um in diesem Extrem die Trennung wieder aufzuheben
und das EinsSein mit Allem zu erfahren.

Um den Himmel auf Erden zu erfahren.

Die Wunde und die Seele,
sie weisen den Weg!

Über die Illusionen

Was du für dich tust, das tust du für alle

Eine Wahrheit, die fern von Egoismus ist.
Die auch fern von Altruismus ist. Weil alles Eins ist.
Weil es eines der vielen Paradoxons ist, aus denen Leben besteht. Wenn es nicht paradox ist, dann ist es nicht Leben.

Die Einheit, die sich in der Dualität erfahren will,
ohne je aus der Einheit zu fallen – das ist paradox.
Das geht nur hier. Dafür kamen wir.

Die Einheit, die sich als Einheit erfahren will,
ohne die Dualität zu verlassen,
auch das geht nur hier. Auch dafür kamen wir.

Die Aufhebung der Trennung, das steht an.
Die Aufhebung aller Illusionen, das steht an.
Das bewusste Verschmelzen eines jeden
menschlichen Seins mit dem Göttlichen, das steht an.

Apokalyptisch mögen sie erscheinen, diese Zeiten.
Doch die Agenda sieht dies vor, genau dies:

Befreiung
Erlösung
Sein

Selbstliebe
Nächstenliebe
Sein

Verbundenheit
AllEinsSein
Sein

Die Farben des Regenbogens

Es war einmal ein schwarzes Schaf,
wie es so viele von ihnen gibt. Doch es wusste nicht um die anderen, wie es die meisten nicht wussten. Ein schwarzes Schaf in einer Herde weißer Schafe hat es schwer.
Anders durch sein Aussehen. Anders durch sein Denken.
Anders durch sein Handeln. Anders durch sein Sein.

Angegriffen für Unterschiede, für die es nichts kann und angegriffen für Unterschiede, bei denen es einfach nicht anders kann, als anders zu sein.

Doch was ist schwarz wirklich?

Hinter dem schwarzen Mantel verbirgt sich die ganze Vielfalt des Lichtes. Die Vielfalt der Farben, Formen und Emotionen. Das ganze Spektrum des Möglichen. Sie erforschen es, die schwarzen Schafe.

Was wäre das Leben ohne Rot?
Was wäre es ohne die Wärme des Feuers, das verzehren kann, ohne das lebendige Pulsieren des Blutes
und ohne das alles erhaltende Prinzip der Liebe?

Was wäre das Leben ohne Orange?
Die Farbe der Freude, der Früchte und der Abendhimmel.

Was wäre das Leben ohne Gelb?
Der Farbe der Sonne, ohne die unser Planet nicht existieren könnte. Jedoch der Abstand muss stimmen.
Zu wenig, und wir erfrieren. Zu viel, und wir verdörren.

Was wäre das Leben ohne Grün?
Ohne das Erholsame der Blätter des Waldes, ohne das Luft-reinigende ihrer Inhaltsstoffe, ohne die Nahrung-spendenden Weiten des Graslandes.

Was wäre das Leben ohne das helle Blau des Himmels, der über uns wacht und uns träumen lässt?

Was wäre es ohne das tiefe Blau der Meere?
Ohne das Wasser, das Leben ermöglicht, Kontinente
verbindet und mehr als alles andere auf den Kreislauf
der Natur aufmerksam macht.

Was wäre das Leben ohne die Farbe des Geistes?
Violett. Etherisch, transzendent und manifest zugleich.

Gebrochenes weißes Licht.
Aufgebrochenes weißes Licht.
Alles ist enthalten in einem jeden, weißen Schaf.

Doch sie sehen es nicht. Sie schauen nicht hin.
Sie brauchen die schwarzen, um aufmerksam zu werden.
Dass sich hinter dem Schwarz mehr verbirgt,
so wie sich hinter dem Weiß mehr verbirgt.

Was wäre die Welt ohne die schwarzen Schafe,
die in Wahrheit Regenbogenschafe sind?
schlicht um die weißen Schafe zu erinnern,
dass sie in Wahrheit Regenbogenschafe sind.

In ihrer Liebe zu den Farben des Regenbogens
dürfen sie sich treffen, vereinen und ihre Vielfalt feiern.

Mangel ist eine Illusion

Im Vorangehen auf dem Seelenweg
wird es dir an nichts mangeln.

Wie las ich einst so treffend verfasst:
Ich habe keine Zeit, mich um Geld zu kümmern.
Ich habe Wichtigeres zu tun.

Wir kamen nicht, um zu arbeiten.
Wir kamen, um zu schöpfen.
Wir kamen mit Gaben, um zu geben.

Da kann es nicht sein, dass wir unsere Energie darauf verwenden sollen, uns zu verbiegen, um ausreichend Mengen des derzeit gültigen Tauschmittels anzuhäufen, nur um dann in einer verbleibenden freien Zeit, uns dem zu widmen, was wirklich durch uns erschaffen werden möchte.

Unsere Gaben sind das Wichtige.
Das Universum kümmert sich um den Rest.

Es mag illusorisch klingen, da es wohl nicht mit einem Fingerschnipsen, in einer Sekunde oder an einem Tag umgesetzt werden kann. Nicht für die Welt im Großen. Doch für uns, für uns selber haben wir in einem jedem Moment die Möglichkeit, genau dies als unsere Wahrheit in Erwägung zu ziehen und danach zu leben.

Wenn jeder erkennt, wofür er kam, wenn jeder das tut, wofür er kam, wenn jeder seine Gaben in die Welt gibt, zum Wohle aller, dann wird auch jeder versorgt sein.

Dieses unfassbar komplexe System Erde mitsamt all seiner Lebewesen ist im Grunde so konstruiert, dass es sich selber trägt, dass es im Gleichgewicht schwingt.

In der „Werkseinstellung" läuft dieses System wie am Schnürchen.

Jedoch hatte Mensch sich zur Krone der Schöpfung ernannt. Er hatte sich angemaßt, das System auszubeuten. Die Erde, ihre Rohstoffe, und all das Leben, das auf ihr zu finden ist. Der Mensch hatte sich angemaßt, sich selber auszubeuten. Manche stellten sich über andere und vergaßen, dass wir alle Eins sind. Dass wir einst im Einklang lebten und dafür gedacht sind, im Einklang zu leben.

Im Einklang ist Mangel eine Illusion.

Der Weg dorthin mag kein leichter sein.
Doch er wird leichter, mit einem jeden, der sich erinnert.

An die Einheit,
an den Ursprung,
an die vollkommene Göttlichkeit in einem jeden.

Gott hat sich nicht milliardenfach auf Erden verkörpert,
um sich dort zu bekämpfen.

Wir sind hier, um uns, um unsere Göttlichkeit in Liebe und Freude zu erfahren. Und ein jeder, der dies erkennt und sich auf den Weg macht, bringt uns dem ursprünglichen Einklang wieder nahe.

Warte nicht ab bis dein Nachbar sich auf den Weg macht,
geh voran.

Es wird ein Domino werden, eine Welle, ein Tsunami, ausgelöst durch einen einzigen Flügelschlag, doch mache auch du mit – geh voran und lebe die Liebe, die du bist.

Lebe die Gaben, mit denen du kamst und hilf mit,
den Mangel als die Illusion zu erkennen, der er ist.

Es ist alles da!

Du bist da!

Der Weg

Und mag der Weg auch ein weiter sein,
du bist geführt, geliebt und umsorgt.
Und mag der Weg auch ein harter sein,
du gehst ihn nicht alleine.

Nicht nur will Gott dich so, wie du bist.
Er will dich auch genau dort, wo du bist.
In jedem Moment.

Jedoch, es geht nicht um das Verharren.

Ein jeder Moment bringt neue Möglichkeiten.
Ein jeder Moment bringt Veränderung.
Ein jeder Moment lässt uns neu wählen.

Verweile, spüre und liebe den Moment
– weil er perfekt ist.
Verweile, spüre und wähle den nächsten Schritt
– der perfekt sein wird.

Und mag der Weg auch ein unbekannter sein,
er ist dein
er ist perfekt,
er ist!

Der Käfig

Wenn du plötzlich merkst,
dass der Käfig nur ein gedachter war.

Ein gedachter, vorgeformter und erwünschter!

Niemand prägt uns so stark, wie unsere Eltern.
Wir suchen sie uns aus für das, was sie uns geben können
und noch viel mehr für das, was sie uns nicht geben können.

Sie leben uns die Illusion eines Mangels vor,
der sich sehr real anfühlt.

Damit wir uns auf die Suche machen,
das Vermisste zu finden.
Damit wir erkennen, dass es nie fort war.

Identifiziere ich mich als Bewusstsein und nicht als Körper,
identifiziere ich mit dem AllEinen, mit dem Universum,
erkenne ich, dass keine Ressource des Universums
getrennt von mir ist.

Dann löst sich der Käfig auf.

Dann erkenne ich,
ich war schlicht in einer Illusion
von Mangel und Trennung gefangen.

Dann
beginnt das Sein!

Grenzen sprengen

Komfortzonen

Komfortzonen sprengen.
Den eigenen Widerstand überwinden.
Wieder und wieder.

Wofür?
Für dich!

Um am Ende dieses Erdenkapitels nichts zu bereuen.
Um nichts Ungelebtes zu bereuen. Um nicht sagen zu
müssen: ich hätte es in der Hand gehabt,
dieses und jenes – doch ich habe mich nicht getraut.

Im Spiel des Lebens gilt es, den Mut aus der Tasche
zu ziehen. Den Mut und die Liebe zu sich selbst.
Zu unseren inneren Überzeugungen,
Visionen, Wünschen und Träumen.

Genau dafür wählen wir sie,
die Erdenkapitel.
Zum Spielen, Erleben, und Ausprobieren,
aller Facetten unserer Selbst.

Komfortzonensprengungen
machen uns einmalig
und lassen uns unsere wahre Größe erkennen.
Komfortzonensprengungen
sind angenommene Einladungen ins Leben.

Dir zuliebe
spring!

Im Chaos Frieden finden

Auf dem Weg in das Neue, das Chaos willkommen heißen.

Eine Neuordnung willkommen heißen
heißt auch, den Übergang willkommen heißen.

Es sortiert sich neu.

Alles darf sich neu finden.
Innerlich und äußerlich.

Im Vertrauen sein, dass der Weg, der deiner ist,
immer und zu jeder Zeit sicher ist. Dass du sicher bist.
Dass für dich gesorgt ist. Dass du gehalten bist.
Gehalten, getragen und geborgen im AllEinen.
In den Weiten der Unendlichkeit, die grenzenlos ist.

Was keine Grenze hat, das kannst du nicht verlassen.
Was keine Grenze hat, aus dem kannst du nicht herausfallen.
Was keine Grenze hat, aus dem kannst du nicht verstoßen werden.

Wir haben das Paradies nie verlassen.
Wir haben schlicht die Ebene gewechselt.

Das Bewusstsein, das wir sind, es hat beschlossen die Blende der Wahrnehmung zu variieren, auf dass uns ein Bruchteil nur bewusst ist. Die menschliche Wahrnehmung mag Chaos empfinden, doch der der heile Kern, der wir sind, er ist im Frieden. Er ist in der Freude. Er empfindet Freude ob einer jeden Erfahrung, die er macht. Die Mensch macht.

Eine jede Erfahrung bereichert das Sein.

Mein Sein. Dein Sein. Das Sein der BewusstseinsEntität Menschheitsfamilie, das Sein des Universums,
das Sein Allen, was ist.

Alles, was ist jubiliert.
Ob des Chaos, ob des Friedens,
ob eines jeden wahrgenommenen Momentes.

Alles, was ist, es existiert in der Erwartungslosigkeit.
In die auch wir eintreten dürfen.

Schwinge dich hinein in die Erwartungslosigkeit und
du schwingst dich hinein in deinen inneren Frieden.
Einen Frieden, der gar nicht anders kann,
als sich in einem äußeren Frieden zu manifestieren.

Erschaffe, wonach es dich sehnt.
In dir, mit dir und um dich herum
und das Leben wird antworten.
Es kann gar nicht anders, als dir,
als deiner Schwingung zu antworten.

Schwinge dich hinein in die Dankbarkeit
einem jeden Chaos gegenüber.

Es ist der Weg ins Licht.

Das Licht schöpft das Morgen durch das Dunkel hindurch.

Liebe das Chaos!
Liebe den Frieden!
Liebe – erwartungslos!

Erlaubnisse

Erlaube dem Leben,
dass es dich offenbart.

Erlaube dem Leben,
dass es sich offenbart durch dich.

Erlaube dem Leben, zu geschehen.
Erlaube dem Leben zu sein.

Erlaube dem Leben mit deiner Hilfe
seinen göttlichen Plan zu verwirklichen.

Erlaube dem Leben mit Hilfe deines Körper
teilzunehmen am Leben auf Erden.

Erlaube dem Leben durch dich zu wirken.
Erlaube dem Leben mit dir zu wirken.

Erlaube dem Leben, dass dein Name, dein Körper, dein Sein,
dass all dies Form annimmt gemäß dem göttlichen Plan.

Erlaube dem Leben, dass du Form annimmst
gemäß dem göttlichen Plan.

Erlaube dir, dich nicht getrennt zu fühlen vom Leben.
Erlaube dir, dich nicht getrennt zu fühlen von Gott.
Erlaube dich dir!

Sage ja zu dir!
Zu deinem Teil des Lebens,
das durch dich geschehen möchte.

Zu deinem ganz einmaligen Ausdruck des Göttlichen,
den das Leben besser kennt als du.
Besser als du, Mensch.

Gott, Seele, Universum, das Leben, das AllEine,
wie auch immer du es nennen magst,
es weiß, warum du hier bist.

Es weiß, wozu du hier bist.
Es weiß um deine Größe, deine Liebe, deine Macht.

Erlaube dem Leben,
dich zu offenbaren.

Folge den Zeichen.
Folge dem Fluss.
Folge deiner inneren Führung.

Auf dass du tagein und tagaus immer neue Aspekte
deiner selbst kennenlernst. Auf dass du so manches Mal
in den Spiegel schaust und dir selber fremd bist.
Doch du bist es nicht. Am allerwenigsten in diesen Momenten.

Wenn Seele deine Welt auf den Kopf stellt,
wenn Mensch sich seinem neuen Ausdruck annähern darf,
wenn Mensch den Kopf schüttelt ob des ungeplanten Lebens,
das er führt, dann bist du du.

Dann hat Seele übernommen.

Dann hat das Leben übernommen und lässt dich wirken,
wie du gedacht warst, wie du in der Ewigkeit gedacht warst.

Dann gabst du wahrlich dein Ja zu dir,
dein Ja zum Leben,
dein Ja zum Wirken Gottes auf Erden.

Dann erlaubtest du dem Leben,
dich zu offenbaren.

Segen, der du bist,

wir danken dir!

The Eye of the Needle

Wie oft gilt es ein Nadelöhr zu durchschreiten?
Oder soll es nicht durchschritten werden?
Soll es durchflossen, durchlebt,
im durchlässig sein durchlebt werden?

Was ist es, das ein Nadelöhr eng erscheinen lässt?
Unsere Grenzen. Unsere Wahrnehmung.
Unser Festhalten und damit unser Widerstand.

Was tut ein Fluss, der sich auf ein Nadelöhr zubewegt?
Er fließt einfach. Er passt sich an.
Ohne Widerstand, ohne Zweifel, ohne Sorgen.

Das Leben findet seinen Weg.
Das Wasser findet seinen Weg.
So auch der Mensch.

Tut sich vor dir ein Nadelöhr auf, so erkenne, es ist nur
eine Illusion. Du bist längst auf der anderen Seite.
In einem Sein, das weder Zeit noch Raum kennt, kann es
auch kein Nadelöhr geben. Du bist. Immer und überall.

Darum versteife dich nicht auf die Engstelle.
Weder in Blicken noch in Gedanken noch körperlich.
Versteife dich nicht. Fließe.
Und erkenne, dass du bist.
Erfahrungen machende Ewigkeit.

Du kennst deine Bilder, deine Träume, Sehnsüchte, Visionen.
Siehst du sie vor deinem inneren Auge, so sind sie dein.
Sie liegen im Feld deiner Möglichkeiten für dich bereit.
Und auf dem Weg dorthin gibt es nur dich.

Empfindest du Hindernisse auf dem Weg dorthin,
so bist du es. Deine Ängste. Deine Zweifel.
Nichts anderes kann dir im Weg stehen als ein Teil von dir.

Weil es nichts anderes gibt.
Alles ist Eins.

Willst du Hindernisse erfahren, so sind es eigene Kreationen.
Willst du ein Nadelöhr erfahren, so ist es eine Eigenkreation.
Genau wie deine Vision deines weiteren Weges.

Sieh dich auf deinem Weg.
Auf deinem gewünschten Weg in dein Morgen.
Sieh dich vor deinem inneren Auge diesen Weg gehen
und mit dem Fokus auf dem Möglichen
überwindest du das Unmögliche.
Weil es nicht unmöglich ist.

Nichts, was dich antreibt, ist unmöglich.
Es ist alles eine Einladung an dich.
Zu wachsen. Zu leben.
Dich zu überwinden.

Verschmilz mit dem Nadelöhr.
Verwandle dich in die Flexibilität der Elemente,
aus denen du bestehst.
Aus denen das Universum besteht.

Das Universum kann sich nicht im Wege stehen.
Genauso wenig wie du.

Im Verständnis und im Durchleben dieser Wahrheit
verschwindet eine jegliche Illusion eines Nadelöhres.
Auf dass du sie irgendwann nicht mehr benötigen wirst
auf deinem Weg. Solange werden sie sich zeigen.

Eyes of the Needle –

Heiße sie willkommen!

Aufbruch, Wandel, Aufstieg

Wie auch immer wir es nennen, es braucht uns.

Der Weg durch das Nadelöhr, er braucht uns voll und ganz,
mit Haut und Haar,
mit Herz und Seele,
mit Zuversicht und mit Neugier.

Es braucht unser Ja,
es braucht unseren Willen,
es braucht unsere Visionen.

Die Visionen einer besseren Zukunft, einer lebenswerteren Zukunft, einer menschlichen und liebevollen Zukunft.

Was auch immer wir uns an Zukunft gestalten,
es braucht uns, voll und ganz. Es braucht unser Ja,
es braucht unseren Willen, es braucht unser Loslassen.

Auf den Ruinen des Alten wird keine neue Welt entstehen.

Wir dürfen sie sterben lassen. Die alte Welt. Unser bisheriges Leben. Unsere Erwartungen, wir dürfen sie hinter uns lassen.
Sie in Liebe ziehen lassen. Denn das, was auf uns wartet,
es ist unvorstellbar großartiger.

Es ist eine Zukunft,
die jenseits aller Erwartungen liegt,
die alle Hoffnungen verblassen lässt.

Eine Zukunft, die uns erstrahlen und uns uns verwirklichen lässt in Maßen, die jenseits unserer Vorstellung liegt.

Doch sie ist auch greifbar, unsere Zukunft.
Sie mag jenseits unserer Erwartungen liegen,
doch nicht jenseits unserer Visionen.

In der Stille, in uns, im Raum der Möglichkeiten,
dort liegt sie bereit. Ihn dürfen wir betreten
und uns führen lassen.

Uns inspirieren lassen von all dem, was der Wandel mit sich bringen möchte. Wir dürfen die Möglichkeiten willkommen heißen. Sie sehen, sie lieben und sie erschaffen.

Wir dürfen uns als die Schöpfer erfahren, die wir sind.
Als die wir immer gedacht waren.

Nach all den Ewigkeiten im Dunkel,
in der Unterdrückung, in der Trennung.
Nun dürfen wir leben. Nun dürfen wir Sein.

Unser Innerstes nach außen kehren.
Den Reichtum im innen erspüren und ihn in die Welt tragen.

Ein jeder in seiner einzigartigen Einmaligkeit.
Ein jeder mit seinen Gaben.
Ein jeder mit seinem frei gewählten Ausdruck.

So dürfen wir beitragen zum Großen Plan.
Unser PuzzleStück einfügen in den Fluss des Lebens,
auf dass die Welt erblühen wird und wir mit ihr.

Sie freut sich auf uns,
so wie auch wir uns auf sie freuen dürfen.
Auf all die Schönheit dieser Welt,
die hinter ihrer Ausbeutung zurückblieb.

Auch Gaia ist ein Lebewesen.
Sie geht mit uns. Durch den Wandel, durch den Aufbruch,
hinein in den Aufstieg. Gemeinsam voran
in eine strahlende Zukunft.

Was auch immer es braucht, es wird vorhanden sein.
Wir werden vorhanden sein.

Es braucht schlicht die Entscheidung zum Sein.

Es braucht ein Ja zum Nichtwissen,
denn nur aus ihm kann Neues entstehen.

Es braucht ein Ja zum Chaos,
denn nur durch das kann wahrlich Neues entstehen.

Keine Neuordnung ohne Chaos.

Richten wir uns wieder nach der Natur. Sie kennt den Weg.
Es gibt nichts zu verbessern, zu verbiegen oder umzuleiten.
Weder im außen, noch in uns. Wir dürfen fließen.
Schlicht fließen und sein und unser wahres Selbst
in den Ausdruck bringen. Die beste Version unserer Selbst
auf diese Erde bringen.

Für nichts anderes kamen wir.
Zu nichts anderem sind wir gerade eingeladen.

Diese Zeiten, sie sind Rettung.
Sie sind Einladung und sie sind Herausforderung.

Und wir alle sind hier, unseren Teil beizutragen,
dass der Wandel gelingt. Ein jeder auf seinem Platz.

Sei bereit ihn einzunehmen.
Sei bereit, in dich zu gehen und zu lauschen.

Du kennst ihn.
Deinen einzigartigen Platz.
Deine einzigartige Rolle im Spiel.
Du kennst sie.
Deine Seele kennt sie.

Lausche, vertraue und folge deiner inneren Führung,
die es gut mit dir meint. Die nur dein höchstes Wohl
im Auge hat, zusammen mit dem höchsten Wohle aller.

Gemeinsam voran.

In Liebe und Demut voran,
als die machtvollen Schöpfer, die wir sind.

Goldene Zukunft – wir sind bereit.

Hingabe und Demut

Das Geschenk der Hingabe

Ich gebe mich hin.

Ich gebe mich meinem Höheren Selbst hin,
denn das Höhere Selbst ist Licht.

Ich nutze meinen freien Willen
und entscheide mich für die Hingabe.
Ich entscheide mich für das Dienen.
Ich entscheide mich, mir, meinem höchsten Pfad,
dem Licht, das ich bin, zu dienen.

Mein Körper dient dem Licht.
Mein Geist dient dem Licht.
Meine Seele dient dem Licht.

Wir verkörpern das Höchste auf Erden.
Wir verkörpern Licht. Wir sind Licht.

In der Hingabe an das Licht geben wir uns Allem, was ist hin,
und lassen den Puls des Kosmos durch uns wirken.
Wir lassen die Fülle des Seins durch uns wirken.

Wir leben das Geschenk der Hingabe,
– die Fülle des Seins!

Leben geschieht für mich

Leben geschieht für mich.
Ich geschehe für das Leben.

Das Leben darf sich entfalten,
wenn ich mich entfalte.

Wenn Ich – Mensch – erkenne, dass ich die Möglichkeit habe,
etwas Größeres durch mich wirken zu lassen.

Wenn ich demütig beiseite trete, um etwas Größeres
durch mich fließen zu lassen. Um das wahre Leben durch
mich fließen zu lassen. Um mein wahres Selbst auf den
Boden der Welt zu bringen, die wir Realität nennen.

Nicht ich mache mich klein durch mein beiseite treten,
ich lasse mich zu.
Ich lasse meine Größe zu.
Ich lasse meine Einzigartigkeit zu.

Da ist kein kämpfendes Ego mehr, das äußere Werte
und Auszeichnungen anhäuft, um gesehen zu werden,
um einzigartig zu erscheinen, um sich abzuheben.
All dies ist nicht nötig.

Wir sind bereits einzigartig.
In unserem wahren Sein liegt unsere Einzigartigkeit bereits
für uns bereit. Und in einem Miteinander von Milliarden
Einzigartigkeiten kann Leben sich perfekt entfalten.

Wir sind als Individuum perfekt
und wir sind als Gesamtheit perfekt.

Himmlisch orchestriert ist für alles und jeden gesorgt,
– wenn ein jeder sich auf seine ureigene Art ausdrückt,
die Seele sich für diese Leben wählte.

Wie oben, so unten.
Wie im Himmel gewählt, so auf Erden gelebt.

In unserer Einzigartigkeit liegt der Schlüssel zum Paradies.

Und auf dem Weg dorthin,
der bereits das Ziel ist,
geschieht Leben für dich,
so wie du für das Leben geschiehst.

*****

Die Hingabe ist eine Gabe

Durch die Hingabe kann jeder sich selbst
das größte Geschenk machen,
denn es kann sich ein jeder selber zum Geschenk machen.
Sich seiner Seelen-Mission schenken und damit der Welt.

In der Hingabe gibst du dein menschliches Leben hin
und bekommst das Göttliche zum Geschenk, das du bist.

Mit deiner Hingabe beschenkst du Alles, was ist.
Dich, die Welt und den Plan des AllEinen.

Der Sog

Der Sog dieser Zeit, er erhebt euch.
Der Sog dieser Zeit, er erhebt euch hin zu eurem höchsten Ausdruck. Er lädt euch ein, euch zu erheben mit einer Kraft, die alles mitzieht.

Es ist ein Sog wie kein anderer.
Nicht Fluss, nicht Wasserfall, noch Strudelkräfte sind es.
Es ist ein aufstrebender Sog, einem Auge eines Hurrikans gleich. Es strudelt euch nach oben in eure Höhen.
Es ist ein frohlockender Sog, der so gar nicht an die in die Tiefe ziehenden Strudel erinnert, deren Kräfte euch hin zu euren Schatten führten.

Es sind die Kräfte des Lichtes, die am Wirken sind.
Zu eurem höchsten Wohle.

Und so lasst euch ein auf die Kraft, die hinter allem steht.
Lasst euch ein auf diese ZeitQualität, die hinein strebt in eine umwerfende Zukunft hinein.

Ihr wahren Surfer der Welle.
Erfahren mögt ihr sein mit den bisherigen Wassern des Lebens, doch der Sog des Neuen, er verlangt einen veränderten Umgang mit den Energien.
Nicht mehr nur Mitfließen ist angesagt.
Nicht mehr nur Hingabe ist angesagt.

Der Sog dieser Zeit, er verlangt nach einem Ja.
Einem wahren und klaren, inneren und kraftvollen Ja.

Ja, ich will.
Hinein, hindurch, hinauf.

Die Hingabe alleine wird euch untergehen lassen,
doch die bestimmte Ausrichtung hin zum Höchsten,
sie wird euch all die kommenden Stürme bestehen lassen.

Sie wird euch mutig in sie hinein schreiten
und als die wahren Sieger aus ihnen hervorgehen lassen.

Schwingt euch ein in eure Mitte,
um aktiv aus ihr heraus zu Sein.
Aktiv und passiv dürfen verschmelzen.
Männlich und weiblich dürfen verschmelzen.

Absichtsloses Tun, mit einer klaren Absicht getan.
Ein Wirken zum höchsten Wohle.
Für eine neue Zeit.
Für einen Wandel auf Erden.
Für den Bewusstseinssprung, dem dieser Sog dient.

Diene auch du und du wirst Wunder wirken können.

Die Energien, sie sind auf eurer Seite, wenn ihr es auch seid.
Auf der Seite des Guten, des Lichtvollen, des Liebevollen.

Ich bin Licht.
Ich bin Liebe.
Ich bin.

Ich bin und ich will.
Mit Willenskraft voran.

Auf dass göttlicher Wille geschehe.

*****

Demut
ist der Mut, mich dem göttlichen Willen zu beugen,
der auch der meine ist.

In der Demut
unterwirft sich das falsche Selbst dem wahren Selbst.

Tritt somit das Ego beiseite, um den Teil der göttlichen Kraft durch uns wirken zu lassen, der wir sind, werden wir zum Schöpfer unserer Realität.

Das Vertrauen, der Glaube und das Erfahren dieser Kraft,
sie versetzen Berge.

*****

Tenderness

Wenn das Leben dir hart erscheint,
werde weich.

Wenn das Leben dir ungerecht erscheint,
werde weich.

Wenn das Leben dir das Herz bricht, dich in tiefste Trauer
stürzt, wenn alles im Außen sich bitter anfühlt statt süß,
werde weich.

Entscheide dich für ein Öffnen, für ein Mitließen,
für ein in die Knie gehen. Für alles, was der Starre
den geringsten Widerstand entgegensetzt.

Mag es sich auch anfühlen, als sei dies eine Bewegung
in den Schmerz hinein, es ist eine Bewegung in die Liebe
hinein. In all die Tiefen der Gefühle, die deine Seele
sich zu erfahren wünschte.

Hinein ist der einzige Weg für ein endgültiges Hinaus.

Ein zu Boden gehen ist keine Schwäche.
Es ist Demut vor dem Leben.

Es ist wahre Stärke,
denn es ist das einzig wahre JA zum Leben.

Wenn das Leben dich zu brechen scheint, sage Ja.
Zu allem, was gefühlt werden möchte.

Wenn das Leben dich zu brechen scheint, werde weich.
Fließe!

Rettung ist bereits Teil des Weges.

Im Auf und Ab, in dem Rhythmus, der für uns geschieht,
wartet der nächste Aufwind längst auf dich.
Mit offenen Armen empfängt er dich
mitsamt deiner Weichheit,
mitsamt deinem Ja.

Es lebe die Weichheit fern jeder Form.

Auch sie ist Ausdruck,
einmalig,
dein!

Ich sage JA!

Ja zu – Gott durch mich.

Nichts ist erfüllender, als sich führen zu lassen.
Sich von all den unsichtbaren Stimmen leiten zu lassen,
die den Weg kennen.
Die größer sind als jede Vernunft.
Die stets verbunden sind mit dem AllEinen,
aus dem wir nicht herausfallen können.

Seinen Seelenplan leben.
Aus dem Sein heraus leben.
Aus dem Sein heraus agieren.
Aus dem Sein heraus kreieren.

Das ist Leben.
So ist Leben gedacht.

Sich als wertvoll erkennen.
Wertvoll im innen.

Ohne sich beweisen zu müssen.
Keiner ist besser und keiner ist schlechter in diesem Spiel.

Alle sind wir Eins.
Es gibt nur einen Spieler in unzähligen Variationen.
Um mit sich selbst zu spielen.
Um sich die Erfahrungen, die Entfaltungsmöglichkeiten
zu schenken, für die er kam. Für die wir kamen.

Aus dem Verinnerlichen dieser Erkenntnis wächst die Ruhe.

Ich bin das.

Was auch immer meine Sinne wahrnehmen, ich bin das.
Was auch immer meine Sinne triggert,
ich trete zurück und mache mir klar:
Aha, das wollte ich also erfahren.

Wo auch immer ich stehe,
was auch immer ich erfahre,
es kein Ort des Stillstands.
Es ist kein Verweilen.
Die Welt dreht sich weiter.
Der nächste Schritt wird folgen.

Vertrauensvoll voran.
In der Gewissheit, dass Vertrauen sich auszahlt.
Dass Gottvertrauen sich auszahlt.

Gottvertrauen bedeutet – ich lasse mich nicht im Stich.

Ich sage Ja zu – Gott durch mich.

Gott - Vertrauen

Gottvertrauen

Der Glaube,
der Berge versetzen kann,
lässt mich weitergehen.

Im Vertrauen auf dich,
im Vertrauen auf mich,
im Vertrauen auf das AllEine,
das wir alle sind, und aus dem keiner fallen kann.

„Wie noch erkläre ich Gottvertrauen?“

Gottvertrauen bedeutet,
ich lasse mich nicht im Stich.

„Wie komme ich da hin?
Wie kommt die Welt dahin?
Welches sind die Schritte?“

Entscheide dich.
Entscheide dich, an dich zu glauben,
an die ewige Sicherheit zu glauben,
daran zu glauben, dass es mehr gibt, als das bisher Gelernte.
Entscheide dich, deinem Gefühl zu folgen.

Folge nicht der Angst.
Folge der Stimmigkeit.
Folge deinem inneren Frieden,
dem Seelenfrieden,
der Seelenruhe.

Vergiss alles Erlernte.
Vergiss die Regeln im Außen.
Vergiss die Ziele, die dir Eltern, Lehrer oder Gesellschaft eingeflüstert oder auch eingepeitscht haben.
Ziehe in Erwägung, dass sie nicht zu deinem Wohle sind.

Nichts, was im Außen forciert werden muss,
kann zu deinem Wohle sein.

Alles fließt.
Alles ist im Fluss.
Sei auch du im Fluss
und im Einklang mit deiner eigenen Stimmigkeit.

Du kennst den Weg.
Deine Seele kennt den Weg.
Sie gibt dir über Gefühle zu verstehen,
welches deine Schritte sein sollen.
Sie gibt dir über Zeichen zu verstehen,
wohin du deinen Blick lenken darfst. Vertraue auf sie.

Du gehst hier nicht alleine.
Hilfe ist immer zur Stelle.
Im Unsichtbaren wirken alle Kräfte zu deinem Besten.
Ihnen darfst du vertrauen.

Gottvertrauen ist ein Vertrauen in das Unsichtbare.
In die Energien des AllEinen, die für dich wirken,
und die kein Gesetz der Welt überschreiben kann.

Nochmal,
alles was im Außen mit Kraft oder gar Gewalt umgesetzt werden soll, es kann nicht zu deinem Wohle sein!

Höre auf dich,
auf dein Gefühl,
auf dein Herz
und du kannst nicht falsch gehen.

So war es gewollt und so darf es wieder sein.

Ein Mensch, der in der Liebe zu sich selber lebt,
in der Liebe zu seinem eigenen Weg,
in der Liebe zu seiner Essenz, die Gott ist,
der kann gar nicht anders, als seinen Nächsten
wie sich selbst zu lieben. Seinen Nächsten und die Welt.

Dort darf es wieder hin gehen.
In den allumfassenden Frieden.
In die allumfassende Liebe.
In die bedingungslose Liebe.

In ein gelebtes Gottvertrauen.

*****

Gott mutet mir Wachstum zu,
weil er mich liebt.
Ich mute mir Wachstum zu,
weil ich mich liebe.

Es gibt Schlachten, die werden im Himmel gewonnen

Doch, wird nicht ein Jegliches im Himmel entschieden?
Weil es nur ihn gibt!?

Wenn alles Sichtbare dafür spricht,
dass der eingeschlagene Weg nicht richtig sein kann,
wenn alles Unsichtbare dafür spricht,
dass der eingeschlagene Weg der einzig wahre Weg ist,
wenn alle Zeichen auf Sturm stehen
und der vermeintliche Feind vor der Tür,

dann ist es Zeit, sich zu erinnern.

An das Gottvertrauen.

Ich lasse mich nicht im Stich.

Dann ist es Zeit, mich zu erinnern, anzunehmen, was ist,
Sämtliches loszulassen, mich hinzugeben, hineinzusterben
in den Moment, mich an die Demut zu erinnern und Ja zu
sagen: Gott, Seele, Universum – so, wie du willst.

Den nächsten Schritt und den Ausgang der Schlacht –
hinaufgeben zum Höchsten.

Ihn hinaufgeben in die Grenzenlosigkeit.
Dorthin, wo alles möglich ist.
Dorthin, wo kein Nadelöhr existiert.

Weil nur dort das torlose Tor durchschritten werden kann.

GOD is in control

Wie könnt ihr zweifeln, euch sorgen, hadern, stoppen, festhalten? Wie könnt ihr wider eurer göttlichen Natur leben, handeln, sein?

Ihr könnt und ihr dürft, denn es ist menschlich.
Ihr konntet und ihr durftet, denn es war menschlich.
Es darf Vergangenheit sein.

Ihr wolltet es leben.
Ihr wolltet den Wandel leben.

Aus dem Vergessen in die Erinnerung.
Aus der Kontrolle in die Hingabe.
Altes loslassen, Neues erleben.
Euren Aufstieg durchleben.
Den eigenen, den kollektiven, und den von Mutter Erde.

Ihr dürft es hinter euch lassen.
Das Zweifeln, das Sorgen, das Hadern, das Stoppen und das Festhalten, denn ihr dürft fließen. Ihr dürft die eine wahre Einladung des Lebens annehmen und mit ihm fließen. Ihr dürft erkennen, dass das Leben es gut mich euch meint.

Dass es euch führt und leitet.
Dass es stets euer Bestes im Sinn hat.
Eures und das eines Jeden auf diesem Planeten.

Es hat euer Bestes im Sinn,
wie es nur das AllEine haben kann.
Denn das AllEine ist allwissend.
Es kennt den Plan.
Und damit kennst auch du den Plan.
Deinen Seelenplan, dessen Schritte dir gewiesen werden,
so du dir selber ein Ja dazu gibst.
So du deiner Seele ein Ja dazu gibst.

Ein Ja, ihr zu lauschen, ihr zu vertrauen und ihr zu folgen.

Aus der Kontrolle in die Hingabe, denn
GOD is in control.

Du, Mensch, brauchst es nicht tun, denn du, Gott, tust es bereits. Dein Leben in deinen Händen halten.

Der göttliche Teil, der du bist, möchte mit dir Mensch in Kontakt treten, dich führen und leiten, dich halten und stützen, dir Mut und Liebe und Zuversicht schenken.

Folge ihm. Gib dich ihm hin.

Nutze deinen freien Willen,
um mit genau diesem Ja zu sagen zum göttlichen Willen,
der auch der deine ist, und du wirst den Himmel auf Erden leben.

Deinen eigenen, ganz persönlichen,
von dir für dich erschaffenen Himmel auf Erden.

Dein Reich komme.
Dein Wille geschehe.

So und nicht anders war es gedacht.

God is in control.
You are in control.

Kontrolle, wie sie ferner nicht sein könnte zum Alten,
zum Bekannten.
Hingabe, wie sie ferner nicht sein könnte zum Alten,
zum Bekannten.

Eine Welt, auf den Kopf gestellt.
Weil du es wolltest.
Weil du dabei sein wolltest.
Im Durchleben, Durchleiden und Durchfreuen dieser Zeiten.

Aus der Kontrolle in die Hingabe.

Genau dies darf dein Wandel sein.
Dein göttlicher Wandel.
Hin zu deinem wahren Selbst.

Und daran wirst du ihn erkennen:
Es wird ein freier Weg sein.
Frei von Zweifeln, Sorgen, Hadern.
Es wird ein erfüllter Weg sein.
Erfüllt von einer inneren Stimmigkeit.

Gespiegelt in eine äußere Stimmigkeit.
Gespiegelt in einen Himmel auf Erden.
Wo genau dies gilt:

GOD is in control!

*****

Thy will is my will

Das ist Hingabe.
Hingabe und freier Wille zugleich.
Paradox, wie so viele Wahrheiten es nun einmal sind.

Es möchte gelebt werden. Zusammen gelebt werden.
Die Hingabe und der freie Wille,
vereint, zur gleichen Zeit.

Das, was sich vom Verstand her ausschließt,
genau das ist der Weg.

Es ist der Mensch, der seinen freien Willen benutzt,
um JA zu sagen. JA zu sich und JA zu etwas Größerem.

Es ist der Mensch, der sich entscheidet, das zu leben, was er ist. Kanal für das Göttliche. Kanal für sich.

Gekommen, um den himmlischen Plan auf Erden zu leben.

Ich bin der Plan.
Ich erspüre den Plan.
Ich lebe den Plan.

Ich entscheide mich dafür, den Menschen die Entscheidungen seiner Selbst, seine Seelenentscheidungen, leben zu lassen. Ich erfülle mich, indem ich mich lebe. Indem ich meiner Seele die Führung überlasse und ihre Impulse in die Welt bringe. Sie kennt den Weg und sie kennt das Ziel.

Wie auch immer mein Leben verläuft, wie auch immer es endet, ich werde mich mir stellen dürfen. Schlicht mir. Meinem Höheren Selbst. Der vollkommenen und allwissenden Seele, die ich bin.

Ich werde heimkehren in die Unendlichkeit, in das Nichtstoffliche, und es liegt an mir, ob ich dort erkennen werde, ob ich „mein" Leben gelebt habe. Ob ich meinen Seelenplan verkörpert habe. Ob ich meinen ganz eigenen Himmel auf Erden gelebt habe.

Gottvertrauen bedeutet, ich lasse mich nicht im Stich.

Ich, geistiges Wesen, zusammen mit allen Helfern der geistigen Welt, ich führe mich.

Ich, menschliches Wesen, ich bin mir meiner Führung bewusst, die ich bin und ich nehme sie an.

ErdenSelbst und HimmelsSelbst
erkennen und leben sich als Eins.

Thy will is my will.

In Liebe und Zuversicht voran.

Ich bin das Licht

Ich bin das Licht,
das Heilige, die Essenz, ich bin.
Ich bin Gott in mir.
Ich bin mein Ausdruck
und mein Ausdruck ist nichts ohne Gott in mir.

Ich diene.
Ich diene mir.
Ich diene dem AllEinen.
Ich diene dem Licht, das ich bin.
Das sich diese Inkarnation wählte, um zu strahlen.
Um auf eine ganz eigene Art zu strahlen.

Ich bin das Licht, das sich aus dem Sumpf befreite.
Das den Sumpf kennenlernen wollte.
Das sich Verliese, Verletzungen und Verrat wählte,
um all diese Erfahrungen zu machen.
Um zu verstehen. Um dich zu verstehen.
Um die Welt zu verstehen.
Um den Weg weisen zu können,
hin zu dem Licht, das wir sind.

Ich bin das Licht, das litt.
Das Tränentäler und Abgründe kennenlernen wollte.
Das an der gefühlten Schwere fast zerbrach.
Um die Schwere als selbstgewählt zu erkennen.
Um die Schwere als das Geschenk zu erkennen.
Um den Schmerz und die Pein
als das Mittel zum Zweck zu erkennen.

Um aufzubrechen. Um durch Mauern hindurch den Kern freizulegen, der sich durch meine Wahl an Erlebtem versteckt hatte. Um die Flamme zum Leben zu erwecken, die durch meine Wahl an Erfahrungen schier am Verglimmen war.
Um aus tiefster Dunkelheit den Weg ins Licht zu finden,
das ich immer war.

Versteckt im Erdenmantel.
Versteckt in Menschengestalt.
Um sich nicht länger zu verstecken.

Verstecken war gestern.
Strahlen ist heute.

Ich bin das Licht und ich bin Gott.
Ich bin Gott durch mich.
Ich bin Ausdruck durch mich.
Ich tue nichts lieber als Gott in mir
und Gott durch mich zu leben.

Die Kraft und die Freude zu leben, die Gott an seiner
eigenen Schöpfung hat, um als sie weiter zu schöpfen.
Um in Dankbarkeit all die dunklen Erfahrungen integriert
zu haben und sie zum Scheinen zu nutzen.

Schlicht wie die Kerze, deren Schein im Angesicht der Sonne
nicht erkannt werden kann, so brauchen wir den Schatten
für unsere Sichtbarkeit. So brauchen wir den Schmerz
um aufzubrechen.

Und brauchten wir einst den Mut,
uns all diese Erfahrungen zu wählen,
uns all diese Lebensgeschichten zu wählen,
so brauchen wir nun den Mut,
das wiedergefundene Licht zu leben.

Wir haben es versteckt, um es zu finden und zu leben.
Für nichts anderes kamen wir.

Im Leben unseres Lichtes würdigen wir uns,
würdigen wir unseren Weg.
Im Verstecken unserer Größe verraten wir uns,
verraten wir Gott.

Ich bin es mir wert, mich zu lieben,
mich zu leben, mich der Welt zu schenken.
Für nichts anderes kam ich, kamen wir.

Seien wir es uns wert, diese, unsere Erdengeschichte
zu einem strahlenden Sein zu verwandeln.
In einem geistigen EinsSein, das wir sind
und das gesehen, gefühlt und gelebt werden möchte.

Schöpfung ist Kreation.
Schöpfung ist KoKreation.
Schöpfung bin ich.
Schöpfung bist du.
Schöpfung ist der Ursprung, der Weg und das Ziel.

Für Nichts anderes kamen wir.

Wir sind das Licht.
Wir sind Gott.
Wir sind.

Seelenruhe

Seelenruhe

Wenn Ruhe einkehrt,
die Welt in Frieden ist.

Die innere Welt
stimmig
in sich.

Mal wieder einer dieser Momente,
in denen ich gehen könnte.

Wenn heute das Erdenlicht sich ausknipsen sollte,
es wäre ok.

Alles getan, was sich nach Tun anfühlte.
Nichts zu bereuen.
Nichts unerledigt.

Sich selber nichts mehr beweisen müssen.
Die Leere annehmen und
die Fülle annehmen.

Annehmen, was ist.
Kein getrieben sein durch Sinnsuche.
Kein getrieben sein durch "etwas darstellen wollen".

Sein, fließen, leben,
mich lieben
und das, was sich meine Geschichte nennt.

Wenn Ruhe einkehrt.
die Welt in Frieden ist,

geschehen Wunder!

Was hat Bestand?

Was hat noch Bestand in diesen aufgewühlten Zeiten?

Das Selbst hat Bestand.

Es ist.
Es ist beständig das Selbst.
Das Wahre.
Das AllEine.

Der Ruhepol des Seins, das im menschlichen Sein
Ausdruck findet, der sich wandelt. Beständig wandelt.
Damit bin ich Wandel und Beständigkeit zugleich.
Eines und Vieles zugleich.

Vollkommen.

Bewusstsein, das sich seiner Selbst bewusst sein darf,
oder eben auch nicht,
um es trotzdem zu sein.

In der Beständigkeit meiner Selbst darf ich mitfließen
im kosmischen Plan,
meinen Platz einnehmen, der immer ist,
meine Rolle ausfüllen, die immer ist,
meinen Wandel willkommen heißen, der immer ist,
in der Beständigkeit meiner Selbst, das immer ist.

Das Selbst hat Bestand.

Es ist.

Das Alte ist fort.

Das Alte ist fort.
Das Neue ist noch nicht sichtbar.
Es erscheint dir der Boden unter den Füßen entrissen.

Doch halt, in dir, da bist du frei.
Da bist du vollkommen, perfekt, allwissend und allfühlend.
In dir, da ist Stimmigkeit.
Da ist Kraft und da ist Halt.
Da sagt dein Gefühl dir, dass du sicher bist.
Gehalten und getragen im Plan des AllEinen.

Geführt durch den Teil von dir, der den Weg kennt.
Durch deine innere Stimme.
Deine Seelenstimme.
Der du vertrauen darfst.
Die nichts als Dein Wohl im Sinne hat.
Wie sonst niemand auf dieser Welt.

Denn sie bist du.
Sie ist der allwissende Teil von dir.
Dein Kern und deine Essenz.

Nicht im Spiegel kannst du sie erkennen.
In der Stille kommt sie zu dir
und flüstert dir Zuversicht ins Ohr.
Dazu Hoffnung, Liebe und den nächsten Schritt.

Und wenn sie nicht flüstert,
dann ist sie dennoch bei dir.
Denn sie ist du.

Wenn sie nicht flüstert,
dann gibt es schlicht nichts zu tun.
Dann ist das deine Aufgabe.
Nichts-Tun.
Bewusstes Nichts-Tun.

Sein.
Mensch sein.
Mensch sein genießen.
Bis hin zum nächsten Flüstern, das dir den Weg weist.

Im Alten, das fort ist und im Neuen,
das du dir gerade selber kreierst.

In der Unendlichkeit des Universums bist du stets gehalten.
Und in den Momenten ohne einen gefühlten Boden
unter deinen Füßen darfst du dich tragen lassen
von deinen Flügeln, die du bist.

*****

Ich bin meine Versicherung

Ich bin meine Versicherung.
Das Leben ist meine Versicherung.
Der Fluss ist meine Versicherung.

Ob ein Wassertropfen wohl zweifelt an seinem Weg?

Er gibt sich hin.
Mitfließend, versickernd oder verdunstend.
Irgendwann wird er wieder hinabregnen
und den Weg auf ein Neues beschreiten.

Der Fluss des Lebens geschieht. Mit und ohne unser Zutun.
Dem Fluss zu vertrauen heißt, dem Leben zu vertrauen heißt,
mir zu vertrauen. Mir, Seele. Sie kennt den Weg.
Besser als das Menschen-Ich, als dass wir uns oft sehen.

Der Avatar Mensch, der auf die Erde kam, um Leben zu spielen. Eine von Milliarden Rollen in einem großen Schauspiel auf Holodeck Erde.

Wie könnte dieses Menschen-Ich jemals den Überblick haben? Wie konnte Mensch-Ich überhaupt auf die Idee kommen, dass es so sein könnte?
Den Überblick oder die Kontrolle gar zu haben!?

Die Zeichen sind da.
Jenseits von Kontrolle und Wissen Wollen.
Sie sind immer da und weisen den Weg.

Denn Leben fließt.
Es kann gar nicht anders. Weil es lebt.
Es kann gar nicht nicht Zeichen geben.
Um seiner selbst willen.

Es zeigt stets den Weg des geringsten Widerstandes auf.
Denn es kennt die universellen Gesetze.
Die des Himmels und der Erde. Die des Universums.
Das auch ich bin. Das auch du bist.
Das um seiner selbst willen auf sich achtet,
aus sich selbst entspringt und in sich selbst zurückfließt.

Wie könnten wir in diesem Kreislauf nicht sicher sein?

Kraft, Sinn und Erfüllung

Das alles liegt in dir.
Das alles kannst du aus dir schöpfen,
aus deinen Erfahrungen, aus deinem Sein.

Wage es und schaue hin.

All die Schätze, all die Geschenke, all der Segen,
der du bist, den du der Welt schenken kannst,
den zu schenken du gekommen bist, er liegt in dir verborgen.
In deiner SeelenEssenz, in deinem heilen Kern und
in deinen Geschichten. In dem Schmerz und
in den Narben deines Lebens.

Heile sie.

Bewege dich hinein in ein jede dunkle Höhle, in eine jede Angst, die dir auf menschlicher Ebene bekannt ist. Wage dich hinein und heile sie. Auf dass die Schwingung deiner Narben sich einfügt in die Schwingung, mit der du kamst. Auf dass du dadurch deinen Abdruck vervollständigst.

Deine Energie, dein Sein, deine Resonanz.
Sie wird den Weg weisen zu denen, die mit dir schwingen.

Die Visitenkarte der Neuen Welt.
Es ist deine Energie.

Auf dass dich die finden, denen du die Hand reichen darfst fur ihren nächsten Schritt. All diese Wesen, Teile des AllEinen, das du bist, all diese Wesen, sie verlassen sich darauf, dass du deine Arbeit tust, deinen Weg der Heilung beschreitest, auf dass auch sie ihn beschreiten.

Kraft, Sinn und Erfüllung.

Du wirst es finden und
dein Sein wird ihr Balsam sein.

Erlösung

Sie scheint so fern und ist so nah.

Sucht sie nicht im Außen.
Sie ist in euch. Sie ist bereits da.

Mit offenen Armen erwartet sie euch.
Euch in die Arme zu schließen und zu halten.
Euch zu trösten. Euch Geborgenheit und Kraft zu schenken.
Euch Liebe zu schenken und all die Pein im Außen
verblassen zu sehen.

Sie ist da. Sie ist immer da.

Wenn du dich löst von den äußeren Wahrnehmungen
und sie willkommen heißt.

Die Erlösung.
Deinen inneren Frieden.
Die Stille, die Ruhe und die Zuversicht.
Das Vertrauen in dich, ins Leben,
ins Universum, in das AllEine.

Darin bist du geborgen und darin bist du erlöst.
In dir bist du erlöst.
In dir bist du frei.

Alles dich Abhaltende ist Schein, ist Illusion,
ist selbsterschaffene Wahrnehmung auf unserem Seelenweg.

Um genau diesen Weg zu finden.
Zurück zu dir. Zurück in die Einheit.
In das Allgegenwärtige, das die Erlösung ist.

Lade sie ein.
Lade es ein.

Heiße das EinsSein willkommen!

Finde Dich!

Das ganze Leben besteht aus Heldenreisen,
kleineren und größeren.
Alle perfekt ineinander verschachtelt.
Doch die große, umfassende Heldenreise,
die beginnt vor der Geburt und endet nach dem Tod.

Es ist der Seelenplan für dein jetziges Leben.
Mit der tiefsten Wunde, der größten Angst und
dem wertvollsten Schatz – dir selbst.

Deinem wahren Selbst.
Deinem unzerstörbaren, wertvollen Kern,
in dem du alles bist, warst und immer sein wirst.

Erst in seinem Gewahrsein wird die Blüte sich öffnen können,
die deinen ersehntesten Ausdruck des Lebens
zum Strahlen bringt.

Auf dem Weg zu dir – folge dir!

Deine Seele kennt den Weg.

Einfach nur Sein

Ich bin

Ich bin die Fülle und das Leben.
Ich bin die Liebe und das Mitgefühl.
Ich bin die Gemeinschaft und das Heilsein.

Ich bin mein Ich bin.
Ich bin meine Geschichte.
Ich bin meine Botschaft.
Ich bin meine Mission.
Ich bin all das und so viel mehr.

Ich bin das Leben, das Göttliche und das Weibliche,
Ich bin die Liebe, der Mensch und der Segen,
Ich bin die Botschaft, die Taube und das AllEine.
Ich bin das Unendliche, das Lebenswerte
und das Liebenswerte in mir.

Ich bin das Ich bin.

Wellen

Wellen, sie kommen und gehen.
Schwappen ans Ufer
und rollen zurück.
Brechen ans Ufer
und ziehen sich hinaus.

Doch sieh dir Kreiswellen an.
Sie ähneln viel mehr deinen Taten.

Du versenkst einen Stein.
Du versenkst eine Tat.
Du versenkst einen Impuls
im See des Lebens.

Er schlägt Wellen.
Breitet sich aus in alle Himmelsrichtungen.
In mehr Richtungen als dein Blick erfassen kann.

Du gehst voran,
magst rechts und links schauen,
doch selten schaust du zurück.
Selten meldet sich die Vergangenheit und berichtet,
was eine deiner Wellen bei ihr bewirkt hat.

Doch sei dir gewiss,
du hinterlässt Spuren.
Du hinterlässt Wirkung.
Du hinterlässt dich.

So wie Wellen dich erreichen,
ohne dass ihr Verursacher etwas davon ahnt.

Ihr könnt gar nicht anders, als euch zu umfließen,
zu beeinflussen, Wirkung zu zeigen.

In dem See, der uferlos ist.
In der Energie, die alles umschließt.
In der Einheit, die ist,
in der nichts verloren geht und alles sein darf.

Sei dir deiner Wirkung bewusst.

Sie existiert – jenseits dessen,
was deine Augen und Ohren wahrnehmen.

Stein und Welle,
Energie,
die du bist.

*****

Sein ist verkörperte Unendlichkeit

Wer träumt nicht alles davon,
den Himmel auf Erden zu leben!?

Du kannst ihn finden.
In dir liegt alles bereit.
Suche nicht im Außen.

Du bist der Himmel und du bist die Erde,
du bist der Weg und du bist das Leben.

Mache dich auf den Weg nach deinem wahren Sein.

Nach dem Funken, der in dir brennt
und dich auf deine einmalige Art leben lässt.
Deine Art, die nur du schenken kannst.
Dir, der Welt, dem AllEinen, Allem, was ist.

Mache dich auf die Suche nach dir,
nach dem, was dich erfüllt und es wird sich anfühlen
wie der Himmel auf Erden. Sei du die Perle, die sich erfahren
wollte in diesen Zeiten und in diesem Erdenspiel.

Du kennst den Weg.
Deine Seele kennt den Weg.
Das AllEine kennt den Weg.

Göttlicher Funken, der du bist.
In dir zentriert sich die Unendlichkeit.

Dein Sein, es ist verkörperte Unendlichkeit.
Wie sonst sollte sie sich erfahren und ausdrücken
als durch dich!?

Mache dich auf den Weg, den Einklang in dir zu finden.

Deinen ganz eigenen Ton zu finden,
der im Einklang mit all den anderen verkörperten, göttlichen
Funken sich aufschwingen wollte, die perfekteste aller
Sinfonien erklingen zu lassen. Milliardenfaches Erklingen
in Perfektion, das ist der gelebte göttliche Plan, der zugleich
der deine, wie auch höchste, göttlich gelebte Erfüllung.

Perfekteste aller Sinfonien,
ausgewogenstes aller Gemälde,
wertvollstes aller Geschenke,
all dies ist euer Beitrag – im Sein.

Im Leben eurer wahren Essenz.
In Liebe und Freude vereint
zum Wohle des AllEinen, das ihr seid.

Lass dein Sein genau dies sein.
Verkörperte Liebe und Freude in Aktion.
Verkörperte Unendlichkeit auf Erden.

Lass dein Sein genau dies sein.
Deine Version eines gelebten Himmels auf Erden.

Einfach nur Sein

In der Hingabe an unser SeelenSelbst,
einen jeden Moment dieser Inkarnation bestreiten.
In der Hingabe an die Wegweisung unseres Geistigen Ichs,
einen jeden Impuls wahrnehmen und ihm folgen.
In der Hingabe an das AllWissen des Bewusstseins,
das wir sind, die bewusste Manifestation unserer Selbst
agieren lassen.

Sie agieren lassen oder sie nicht agieren lassen.
Schlicht einem jeden Impuls folgen.
Sich ihm hingaben.

Und lautet der Impuls Hingabe, so gib dich dir hin.
Gib dich dem Nichts-Tun hin. Es mag herausfordernd sein.
Es mag den Verstand triggern, doch es stammt von dir.
Wohlwollenster nächster Schritt, von dir durch dich für dich
ins Feld gegeben.

Und lautet der Impuls Aktion, so gib dich dir hin.
Gib dich dem Tun hin. Es mag herausfordernd sein.
Es mag den Verstand triggern, doch es stammt von dir.
Wohlwollenster nächster Schritt, von dir durch dich für dich
ins Feld gegeben.

Sei unbesorgt.

In der Hingabe an dein Tun, in der Hingabe an dein Nicht-Tun,
es ist immer für alles gesorgt. Was auch immer es benötigt
für den nächsten Schritt, es ist vorhanden.

Empfange den Impuls und vertraue dem Impuls.
Gib dein Ja zu einem jeden Impuls als deine Absicht
in die Welt und es wird so sein.

Im Sein ko-kreierst du mit dir, mit deinem SeelenSelbst.
Du ko-kreierst mit Gott.

Gib dich hin, gib dein Ja in die Welt, gehe Gott entgegen.
Und im Zusammenspiel aller sichtbaren und unsichtbaren
Kräfte wirst du Schöpfer sein – im Sein !

*****

Sein ist nichts als der Puls des Kosmos,
der sich durch dich in das Jetzt ergießt.

*****

Ich bin.
Ich bin immer zuhause.
Zuhause in der Unendlichkeit.
Dem Raum der Liebe und Fülle.
Dem Raum, der ich bin.
Dessen Inhalt, der ich bin.
Jenseits jeder Illusion der Trennung
bin ich die Unendlichkeit, die ich bin.

Nähre dich

Nähre dich. Nähre deine Seele, indem du deiner tiefsten
Wahrheit folgst. Du kannst es. Es liegt alles bereit.
Dein Weg, deine Vision, deine Mission.
Die Welt wartet auf Euch.

In den kühnsten Träumen kannst du nicht erahnen,
welchen Segen ihr bringen werdet.
Dir, den Deinen und der Welt.

Was auch immer die Hürden sind, spring.
Was auch immer dich zurückhält, es bist nur du.
Ein Teil von dir, der dir selber im Wege steht,
der dich schützen will.

Doch wo wohnt die Wahrheit?
In dem dich-schützen-wollenden Teil oder
in dem dich-frohlocken-wollenden Teil?

Gib dich hin deiner Sehnsucht und deiner Angst.
Mag auch dein Bild von dir sich wandeln,
mögen auch Träume erscheinen, die du nie
zu haben gedacht glaubtest – das bist du.

Was auch immer dieser Weg an Neuem mit sich bringen wird,
an Tälern und an Höhen, sie werden sich erfüllter anfühlen
als alles zuvor.

Wage den Schritt – hin zu deinem Ruf, umarme die Angst,
umarme die alten dich abhaltenden Gefühle, und dann geh.

Spring!

Du kannst nicht tiefer fallen als in Gottes Hände.

Nimm deine Größe an

Nimm deine Größe an.
Nimm deine Macht an.
Nimm deine Macht wieder zu dir.

Wo ist sie hin?
Wo gabst du sie hin?
Wann und wo fühltest du dich ohne Macht?

Ohne Macht sein ist eine Illusion.
Ohnmacht ist eine Illusion.

Entziehe deiner Vergangenheit die Macht.
Entziehe deinem Glauben die Macht.
Jedem einzelnen Gedanken, der nicht an dich glaubt,
entziehe ihm die Macht.
Entziehe dem Geld die Macht.
Entziehe der Angst die Macht.

Fülle den Raum mit der Liebe, die immer schon war.

Im Sein
Im Moment
In dir – liegt alles, was ist.

Alles, was sein kann und alles, was immer schon war.

Was auch immer du vermisst, finde es in dir.

Selbst Gott kann dir nicht mehr geben,
was du nicht schon wärst.

Durchlässig wie ein Diamant

Das Leben fragt nach viel dieser Tage.
Es fragt nach Allem.
Es fragt nach dir.

Deinem wahrsten Sein.
Deinem innersten Kern.
Deinem klarsten Ausdruck.

Unkaputtbar ist der Diamant, der wir sind.
Unkaputtbar ist unsere Essenz.

Sie ist es, die uns die Stärke gibt, die gefragt ist.
Innere Stärke, bildhaft gemacht.

Dazu im Fluss sein.
In dem Fluss, der das Leben ist.
Weich, umspülend und hartnäckig zugleich.

Das Wasser, das ist es,
welches uns das Mitschwingen vormacht.
Weichheit, die Stärke ist.
Weichheit, die gebraucht wird.
Das Durchlässige, das gebraucht wird, dieser Tage.

Es ist so viel mehr als ein in die Mitte kommen.
Es ist ein Ganzes.
Es ist Leben, das seine Pole kennt.
Sie kennt, sich ihrer bewusst ist, und sie lebt,
um sie doch auch nicht zu leben.

Denn in der Mitte, in der Mitte leben wir die Mitte,
jenseits und mitsamt der dazugehörigen Pole.
In unserer Ganzheit leben wir das Paradoxe.

Das ganze Lied.
Das volle Spektrum, das sich in Ruhe äußert.
In innerer Ruhe und in äußerer Ruhe.

Alles integriert.
Alles vorhanden.
Alles angenommen, schlicht um zu sein.
Um in unserer Vollkommenheit zu sein.

Fließend und unkaputtbar.

Eine Stärke, die sich Weichheit erlauben kann,
die ist, die lebt, sich liebt und fühlt.

Das Leben, das sie ist.
Das Leben, das sie suchte.
Das Leben ihrer Sehnsucht.

Durch und durch lebend.
Wie es prophezeit war.

Durchlässig wie ein Diamant
im Sein.

Nicht-Wissen

Baden in Nicht-Wissen.
Nicht-Wissen lieben.
Es genießen.

Es sind wahrlich neue Zeiten für euch.

Allzu sehr hielten euch Angst und Kontrolle gefangen
in einer vermeintlichen Sicherheit, die nie eine war.
All das Streben nach einem Plan, all der Antrieb nach Zielen,
all die Versuche eurem Leben Struktur zu geben,
sie taten nur eines:

Euch abhalten vom Leben.

Leben, so wie ihr es kanntet, so wie ihr es lebtet,
es war kein Leben. Es war ein Abarbeiten von Erwartungen,
die nicht die euren waren. Und genau das darf sich ändern.
Genau dafür dürft ihr euch wandeln. Genau dafür dürft ihr
diesen Wandel durchleben.

Für euch. Für euer Leben. Für euer wahres Sein.
Das immer mit einem Nichtwissen beginnt.

Ein Sein, das lebt um seiner selbst willen,
nicht um des Vorweisbaren willen.

Ein Sein, das aus sich heraus erschafft, wozu es kam.

Und dieser Weg geht durch die Stille. Durch ein Loslassen.
Durch ein Hineinspüren in den Raum der Möglichkeiten.
In all das, was er für dich und für die Welt bereit hält.
Um den rechten Impuls zur rechten Zeit zu empfangen
und dann nach ihm zu handeln.

Ein Handeln aus dem Nichts-Tun heraus.

Sein und Nicht-Wissen sind Eins.
Sein und Wissen sind Eins.

Dein Sein will nicht wissen, es will sein.
Es weiß, dass darin seine einzige Aufgabe liegt.

Und so du auch meinst nicht zu wissen, so wisse, dass alles richtig ist, dass alles seinen Sinn hat. Dass du auf immer und in einem jeden Moment ein perfekter Teil des AllEinen bist und für dich selber in einem jeden Moment auf dem Weg zu dir selbst.

Lass dieses Wissen dein Labsal sein in einem jeden Moment, in dem der Verstand nicht weiß.

Dein Herz weiß.
Seele weiß.
Du weißt.

Atme!

Bade in deinem Nicht-Wissen und liebe es
und die äußeren Erwartungen werden verstummen.

Es gilt hier nicht zu warten
und es gilt hier nicht Erwartungen zu erfüllen.

Sein geschieht im Jetzt
und ein jegliches Warten lebt und schätzt nicht den Moment.

Sei!

Hier und Jetzt und Heute
sei dankbar
und ein jegliches Nicht-Wissen
verliert sich im Nichts
verliert sich im Sein!

Unsere heilige Selbstverpflichtung

Meine heilige Selbstverpflichtung bringt mich mir nahe,
bringt mich dir nahe.

Meine heilige Selbstverpflichtung ist das, was es zu leben gilt. Für sie gilt es, den Mut über die Angst zu stellen, um sich selber zu leben, um sich selber in der Version zu leben, die wir uns selber wählten. Wir sind niemandem verpflichtet als uns selbst.

Verweigern wir uns unseren Ruf,
verweigern wir uns unsere Liebe,
verweigern wir uns unser Sein.

Was könnte schwerer wiegen als der Verrat an uns selbst?

Und so lasst uns diese Pflicht als das Geschenk annehmen, das es ist. Ein Geschenk, das sich zum Segen erweist, sofern du es annimmst. Es liebend annimmst.
Dich liebend annimmst.

Meine heilige Selbstverpflichtung ist es,
die Liebe, die ich bin, auf die Erde zu bringen.
Ihr den Ausdruck zu verleihen, für den ich kam.
Den Ausdruck zu formen, ihn zu lieben und über mein liebendes Sein meine Umgebung zu formen, die ich bin.

Meine heilige Selbstverpflichtung,
sie führt zu nichts anderem, als dass mein Sein dein Sein prägt und ich damit mich forme, präge und wachsen lasse. Denn Alles, was ist, bin ich, bist du, ist Gott, das Universum, das Sein der Quelle, die sich selber erfahren möchte.

In meiner heiligen Selbstverpflichtung bin ich ein Segen.
In deiner heiligen Selbstverpflichtung bist du ein Segen.
Für uns, für alle und für die Welt.

Wie lebe ich mein wahres Selbst?

In der Selbstlosigkeit!

Genau hier könnte der Text bereits enden,
denn göttliche Wahrheiten sind genau dies:
kurz und knapp und paradox.

Selbstlosigkeit leben.
Nichts ist erfüllender als dies.
Noch.

Solange wir das Selbst diesen Wortes mit dem EgoSelbst gleichsetzen, solange wir Selbstlosigkeit als äußere Uneigennützigkeit definieren, solange hält diese Verhaltensweise das Potential inne für ein erfülltes Leben.

In einem Leben, in dem das EgoSelbst zur Ruhe kommt, in dem Stille Eintritt und in dem die innere Stimme Raum bekommt, gehört zu werden, gehört, beachtet und umgesetzt, in einem solchen Leben wird Selbstlosigkeit sich ausdrücken wollen.

Eine Selbstlosigkeit, die ihr genaues Gegenteil ist.
Denn sie nützt – dem einen, dem wahren Selbst.

Aus der Leere heraus entspringende Impulse, aus der Stille heraus entstehende Handlungen, aus einem Verständnis eines Selbst, das sich selber und Alles, was ist, als das all-eine wahre Selbst ansieht, aus diesem Selbst heraus fließende Aktion nützt, erfüllt und dient sich selbst.

In der Selbstlosigkeit diene ich mir,
diene ich dir, diene ich Allem, was ist.

In der Selbstlosigkeit dienst du dir,
dienst du mir, dienst du Allem, was ist.

In der Selbstlosigkeit dient GOTT sich selber,
es dient das wahre Selbst sich selber,
und es lebt damit alles – nur keine Selbstlosigkeit!

*****

Was erfüllt die Selbstlosigkeit?

Was bleibt mir denn noch, wenn ich mein altes Selbst,
mein EgoSelbst loslasse?

Alles!

Du bleibst.
Dein wahres Selbst ist Alles, was ist.
Dein wahres Selbst lebt im Jetzt und existiert in der Ewigkeit.
Dein wahres Selbst beinhaltet das volle Potenzial der Fülle
des Seins, das durch dich Ausdruck finden möchte.

Fern jeder Kontrolle.
Fern jeden Wollens im Außen.
Fern jeden Planen Wollens deines Lebens.

Die Zeiten laden euch ein, all dies loszulassen.
Mehr denn je.

Unplanbare Zeiten, die das Geschenk des Momentes
in sich tragen.

Unkontrollierte Geschehnisse, die der Verstand nicht greifen
kann und die das Fühlen hervorheben.

Unwirkliche Erfahrungen, die den Schleier lüften,
die Illusionen bereinigen und die eine Einladung sind zu mehr.

Mehr von allem.

Auf dem Weg hin zu allem.

Hin zu der Größe, die ihr seid,
hin zu der Liebe, die ihr seid,
hin zu der grenzenlosen Ausdehnung, in der ihr existiert,
so ihr euch als geistige Wesen begreifen könnt,
eins mit Allem, was ist.

Das EinsSein des ewigen Kosmos mit sich selbst,
dies ist es, was die Selbstlosigkeit erfüllt.

Lasst los, fließt mit, spürt in euch hinein.

Die Neue Welt, die geistige Welt, eure Heimat,
wir alle, die wir längst Eins sind mit euch, wir erwarten euch.

In Liebe, die Euren.

Visionen für die Zukunft

Fokussiere das Licht

Lebe im Jetzt.

Sei ganz bei dir, in der Liebe, im Vertrauen und
in der Zuversicht und geh weiter mutig voran.

Fordere dich nicht.

Sei einfach. Fließe hinein in den Aufstieg.
Er steht bereit. Für dich und für so viele.

Nennt ihn nicht das Event.
Nennt ihn einfach eure Fortentwickelung.

Die vor Urzeiten geplant worden war.
Für die es jetzt an der Zeit ist.

Ihr seid die Ersten.
Die Pioniere der neuen Welt. Die Erforscher der goldenen
Zukunft, die für Gaia vorgesehen ist. Ihr seid die Botschafter,
die Wegweiser, die Mutmacher. Ihr seid die Helden, die durch
ihre Hingabe an das Große Ganze den Weg frei räumen.
Für alle, die nach euch kommen.

Ihr werdet eingehen in die Geschichte des Universums.
Unzählige Generationen von Lichtarbeitern werden euch
zum Vorbild nehmen, denn das, was ihr gerade schafft,
ist einzigartig.

Der Seher ist der Programmierer

In einer Welt im freien Fall,
den wir beenden dürfen.

Wir als die Fallenden und wir als die Auffangenden.
Wir als die Beobachter und wir als die Beobachteten.

Ich habe sie.

Die Vision von einem Landen
in einem bedingungslosen Miteinander.

Nichts anderes ist vorgesehen.

Wenn sich etwas auf den Weg macht, wenn etwas vorgesehen ist, dann landet es am besten im totalen Gegenteil. Um sichtbar zu sein. Um wahrgenommen zu werden. Um wertgeschätzt zu werden.
Um die Erfahrung genau dessen tief zu durchleben.

Wie kann ich Licht erleben,
wenn ich die Dunkelheit nicht kenne?

Wie kann ich Verbundenheit erleben,
wenn ich die Trennung nicht kenne?

Wie kann ich Bedingungslosigkeit lieben,
wenn ich die Kontrolle nicht erfahren habe?

Der Irrsinn dieser Regeln des Momentes.
Der Irrsinn dieser Regeln der vergangenen Jahre.

Unfassbar riesige Listen eines „wenn... dann...",
sie sind solch ein wunderbares Zeichen,
dass wir auf die Bedingungslosigkeit zusteuern.

Bedingungslos, miteinander, voran.

Der Seher ist der Programmierer!

Visionieren

Neu sehen lernen.

Mit dem Blick nach innen, in deine eigene Zukunft,
kannst du diese zu deiner Gegenwart machen.
Doch es verlangt nach Vertrauen und Disziplin,
Geduld und Willensstärke.

So könnt ihr euch die Neue Welt erschaffen.
Es ist alles möglich.

Schaut hinein in das Feld der Möglichkeiten. Folgt euren
inneren Bildern. Gebt ihnen ein JA. Folgt den Impulsen,
die das Leben euch zukommen lässt,
um genau diesen Weg weiter zu gehen.

Es sind viele Wege möglich.
Das Sehen alleine reicht nicht aus, um das Bild zu erschaffen.
Es möchte mit Energie geflutet werden.

Fühle die Erfüllung und glaube an sie.

Glaube an dich.
Glaubt an euch.
Glaubt daran, dass ihr die Schöpfer seid, die ihr seid.

Aus dem Herzen erschafft euch den Himmel auf Erden
und lebt ihn. Für nichts anderes seid ihr gekommen.

Gekommen um zu Sein

Gekommen um zu siegen.
Gekommen für ein Siegen ohne zu kämpfen.

Ohne einen Kampf im althergebrachten Sinne.
Um doch das ursprünglichste aller Mittel zu nutzen.

Das Bewusst-Sein.

Gekommen um zu siegen.
Um den Wandel zu erleben, ihn zu durchleben,
ihn zu begleiten.

Den Wandel hin zu unserer wahren Natur.
Zu einem Leben, in dem alles auf den Kopf gestellt wird,
weil es bereits auf den Kopf gestellt wurde.

Stellen wir nun die Welt auf den Kopf,
richten wir sie neu aus,
richten wir sie aus, wie sie gedacht war.

Dann leben wir uns, wie wir gedacht waren.

In der Wertschätzung unserer Vielfalt.
Im natürlichen Ausdruck der Geschlechter.
Im Bewusstsein unserer Verbundenheit.

Die Einmaligkeit im AllEinsSein leben.

Dafür kamen wir. Das sind wir.
Das sind die Geschichten, die wir uns erzählen dürfen.
Denen wir Glauben schenken dürfen.

Visionen, die unserer Energie würdig sind,
auf dass sie sich erschaffen.
Nicht nur vor unserem geistigen Auge,
sondern ganz besonders vor dem menschlichen.

Eine jede Geschichte, die deine menschlichen Ohren hören
und die du nicht leben möchtest,
schenke ihr keine Aufmerksamkeit. Wiederhole sie nicht.
Lasse sie links liegen.

Einzig aus dir heraus erschaffe dir dein Morgen.
Mit der Kraft deiner Energie.
Mit der Kraft deiner Gedanken.
Mit der dir innewohnenden Schöpferkraft
erschaffe dir deine Welt.

Das ist ein Siegen ohne zu kämpfen
und ein Sieg ohne Waffen.

Imagination und Schöpferkraft sind unsere Mittel der Wahl.
Unser Sein ist unser Mittel der Wahl.

Das Sein ist der Weg und das Sein ist das Ziel.
Denn das Sein ist gelebtes Bewusst-Sein.

Es ist die Quelle der Schöpfung.
Es ist der Ursprung, aus dem wir kamen.

Wir kamen aus der Quelle, um zu Sein,
und um damit zurückzukehren zur Quelle,
die wir doch in Wahrheit nie verließen.

Ich bin!

... alles andere ist Film.

Der Wandel steht in der Tür

Das Alte ist fort

Das Alte ist fort,
das Neue noch nicht da
und auch ist nichts, wie es scheint.

Wandel darf gesehen werden
als beständiger Teil unseres Lebens.

Wir wandeln uns vom Tag unserer Geburt an
und was als Kind noch erwünscht ist, was bestaunt
und gelobt und bejubelt wird, es wandelt sich über die Zeit.
Unsere Entwicklung, unser Wandel, von vielen
wird er nicht mehr willkommen geheißen.

Doch was tun wir selber mit ihm?

Heißt du deinen Wandel willkommen?

Erfreust du dich daran, heute ein anderer Mensch
zu sein als gestern, unwissend ob des morgen?

Lädst du deinen Wandel ein in dein Leben
und mit ihm die Entfaltung deiner selbst?

Bist du neugierig auf das, was sich in diesem Leben
durch dich ausdrücken möchte mit all seinen
noch zu entdeckenden Facetten?

Oder beugst du dich den Erwartungen?
Erwartest Lob statt Entfaltung?
Hoffst auf Anerkennung statt Erstaunen?

Bist du dein größter Fan oder dein ärgster Feind?

Das Alte ist fort,
das Neue noch nicht da
und auch ist nichts, wie es scheint.

Haben wir Menschen auch selten gelernt, mit unserer
eigenen Entwicklung mit Zuversicht voran zugehen,
so haben wir es als Kollektiv nun zigfach schwerer.

Nicht mehr nur eine Stimme im Kopf, nicht mehr
nur Wohlgemeintes von Freunden und Bekannten,
nicht mehr nur schicksalsschweres Hängen am Alten
im engsten Kreis, nein, nun wandelt sich die Welt.

Unbestimmt und undefiniert scheint der nächste Schritt.
Vielfältig gar die Meinungen und Richtungen,
die Hoffnungen und Ängste.

Gibt es ihn, den gemeinsamen Weg
oder gibt es sie, die verschiedenen Zeitlinien?

Wird es sie geben, die Erde 2.0, 3.0, 4.0?
Auf welcher von ihnen möchtest du leben?
Auf welcher dieser Erden
wirst du am Ende nichts Ungelebtes bereut haben?

Auf welcher von ihnen werden wir uns treffen?

Ist es wichtig, dass wir uns treffen
oder ist es wichtig,
dass wir unseren Weg gehen?

Das Alte ist fort,
das Neue noch nicht da
und auch ist nichts, wie es scheint.

Jeder kennt den Prozess, der in etwas Neues hinein leitet.
Jeder kennt den Geburtsprozess.
In dem es einmal eng wird, sehr sehr eng.
Vor der Weite kommt die Enge.

There is always contraction before expansion.

Darum lasst euch nicht irre leiten.
Eine vermeintliche Weite, die versprochen scheint,
noch bevor es eng wurde, richtig, richtig eng,
das ist wider der Natur.
Das entspricht nicht dem natürlichen Prozess.
Das entspricht nicht dem Plan des Großen Ganzen.

Der nichts als Entfaltung verspricht.
Entwicklung zu unserem eigenen Wohle und zum Wohle aller.

Entscheide dich und erinnere dich.
Wie das Leben dich feierte als du noch Kind warst.
Als das Leben dir noch Freude spiegelte
ob eines jeden neuen Schrittes.

Nun dürfen wir sie uns schenken,
die Freude und das Lob,
den Ansporn und das Durchhalten.

Wir lernen gehen.
Als Menschheit lernen wir gehen.
Gehen in Neuen Welten.

Welches wird die deine sein?

Eine Welt im Wandel

Eine Menschheit im Wandel.
Alles neu. Alles anders.

Willst du dabei sein, so wandle auch dich.

Stillstand wird schmerzen,
Widerstand Reibung erzeugen.
Mitfließen erzeugt Leichtigkeit.

Wir alle sind hier, weil wir diesen Wandel erleben wollten.
Die Erde in ein neues Zeitalter führen.
Manche aktiv, manche passiv.
Manche führend, manche begleitend,
manche mitschwimmend.

Ein Wandel, der geplant war
und ein Wandel, der nötig ist.
Ein Wandel, der notwendig ist,
der eine notwendige Wende ist.

Zuviel hat sich verschoben,
ist nicht mehr im Einklang,
aus dem Ruder gelaufen.

All die vielen Schauplätze, die vielen einzelnen Themen,
gegen die sich Protest bildet, sie sind keine Einzel-Themen.
Sie sind Puzzle-Stücke, die in der Summe
die Bann-Mauer durchbrechen sollen.

Für einen globalen Wandel, für einen Bewusstseins-Wandel.

Hier und da sich ein wenig für die Umwelt engagieren,
gegen Tierquälerei, gegen Krieg oder politische Systeme,
es ist nicht genug. Deshalb eskaliert es.

Damit immer mehr aufstehen und sagen: So nicht!
Aber noch viel mehr, damit immer mehr aufstehen und sagen:
Ab heute – so!

Wir brauchen Visionen für das Neue.

Das Alte wurde lange genug bekämpft.
Was nützen Demonstrationen,
die doch energetisch nur das Ungewollte füttern?

Energie folgt der Aufmerksamkeit!

Genau daher ist der Wechsel in die Vision nötig.
Das Gute, das Lebenswerte, das Liebenswerte –
es sich ausmalen und füttern, gemeinsam füttern:
mit Energie, mit Aufmerksamkeit, mit Liebe.

Es kann kein reibungsloser Wandel sein.
Zu sehr hat das Alte sich festgebrannt in Köpfen
und Systemen. Doch der Weg in das Neue, er lohnt sich.

Keine Angst haben vor dem Wandel, das ist angesagt.
Wandel aktiv mitgestalten, das ist angesagt.

Für eine Welt des Miteinanders, des Teilens und des Liebens,
ohne Kampf, ohne Hass und ohne Neid.

Für eine Welt, in der für alles gesorgt ist, Ressourcen geteilt
werden und wir das Sein auf dem Planeten genießen können.

Für eine Welt, in der Magie wieder einen Platz hat,
das Wunder der Schöpfung erkannt
und jeder Mensch geschätzt wird.

Für eine Welt, in der Sein geschätzt wird, in der Kinder
heranwachsen dürfen zu dem, was bereits in ihnen steckt,
in der die Phantasie ihren freien Lauf haben darf
und nichts unmöglich ist.

Weil nichts unmöglich ist.
In dieser Welt im Wandel.

Wenn du – Mensch – dich dafür entscheidest
in einem jeden einzelnen Moment.

Die Gnade der Veränderung

Mit Armen weit offen heiße die Veränderung willkommen.
Heiße das Neue willkommen.
Heiße das Unbekannte willkommen.

Vorbei die Zeiten, in denen ihr euch aus den einen bekannten Gefilden in andere bekannte Gefilde bewegen konntet und dies die eine große Veränderung war.

Ihr dürft Eroberer sein.
Pioniere voran in unbekanntes Terrain, das geschaffen wird durch eure Intention, durch eure Vision,
durch die Schöpferwesen, die ihr seid.

Alles Alte ist längst auf dem Weg des Abschieds.

Lasse los. Löse dich von allem Altbekannten, das dir über Zeichen zu verstehen gibt, dass seine Zeit gekommen ist.

Verschiede das Alte – in Dankbarkeit.
Es hatte seine Zeit und es hatte seinen Sinn.

Und sei es schlicht der Sinn der Herausforderung,
die du erkennen darfst als die perfekte Vorbereitung
für den nächsten Moment.

Wohin auch immer das Leben dich einlädt,
es ist nie zu groß für dich.

Der Segen des Alten ist die Vorbereitung des Neuen.

Das Leeren des Alten
ist das Freiwerden der Landebahn für das Neue.

Lichtvolle Zeiten, goldene Zeiten, bewusste Zeiten,
erschaffende Zeiten, erfüllende Zeiten, himmlische Zeiten.
All dies liegt bereit. Bereit, von dir gerufen, erschaffen und belebt zu werden.

Pioniere des Energetischen Erschaffens, das seid ihr.

Bewusstsein, auf dem Weg zurück in eure Größe.
Euch der Filter und Limitierungen entledigend,
die eingeschränkte Realitäten nur erlaubten.

Glaubt an euch.
Glaubt an das allsehende Auge, das euch allen innewohnt.
Glaubt an euch, dass ihr es in der Hand habt,
Realitäten zu wandeln.

Die Veränderung, sie möchte in Liebe zu Allem, was ist,
durch euch, für euch und für Alles, was ist, in der Welt
zum Ausdruck gebracht werden.

Pioniere dieser Zeit – ermächtigt euch!
Mitfließend und mitgestaltend schreitet voran
in dem Wandel, der in den Sternen steht.

Das Geschenk und die Gnade der Veränderung
sie liegen in euren Händen.

*****

Der große Wandel

Wir stellen unsere Welt auf dem Kopf.

Nicht die Materie ist es, die mich spüren lässt.
Ich spüre und erschaffe Materie.
Nicht das Außen ist es, das mich bestätigt
und mir Wert verleiht.
Ich fühle meinen inneren Wert
und erlebe im Außen die Bestätigung dafür.
Nicht das Außen sagt mir, was zu tun ist
und ich folge aus Angst.
Mein Innen gibt den Weg vor und ich folge aus Liebe.

Kämpfe nicht gegen die Welle

Wirf dich in sie hinein
und reite sie wie ein Delphin.

Genau so und nicht anders.
Denke nicht darüber nach,
was in drei Minuten oder drei Tagen sein könnte.

Jetzt.
Und nur jetzt.
Jetzt ist das Leben auf deiner Seite, weil du es bist.
Jetzt geschieht Leben für dich
wie es besser nicht orchestriert sein könnte.

Alles ist perfekt.
Jeder Moment ist perfekt.
Sonst gäbe es ihn nicht.
Liebe ihn, den Moment.
Liebe, lebe und genieße ihn.

Deine Seele jubiliert.
Sie wollte ihn erfahren.
Du wolltest ihn erfahren.

Auf einer übergeordneten Ebene, auf der du existierst,
wolltest du genau dieses Leben erfahren.

Mitsamt aller Wellen.
Mitsamt aller Herausforderungen.
Mitsamt aller Emotionen.

Weil das Leben ausmacht.
Weil das euch Menschen ausmacht.
Die Emotionen machen euch einmalig.
Sie unterscheiden euch von der rein energetischen Ebene,
von der Seelenebene. Und sie unterscheiden euch
untereinander.

Keiner von euch gleicht dem anderen.
Nicht im Aussehen und vor allem nicht in den Emotionen.
Sie sind das Einmalige an euch
und sie sind das Verbindende.

Berührt euch im Herz und ihr werdet eure Verbindung spüren.
Es gibt kein Getrenntsein.
Es ist eine Illusion.

Über das Herz verbindet euch mit euch, mit eurer Seele,
mit euren Nachbarn und mit der Welt. Das ist der Anfang.
Dem noch so viel mehr folgen kann.

Eure göttliche Verbindung.
Die Verbindung zum Universum.
Die Verbindung mit dem AllEinen.
All das ist möglich.
Wie im Kleinen so im Großen.

Beginne bei dir.
Mit deinem Herz.
Mit deinen Sehnsüchten.
Mit deinen Gefühlen.
Den offensichtlichen und den vergrabenen.

Und dann erkenne dich im Nächsten.
Auch er fühlt – das ganze Spektrum.

Heilt euch, haltet euch und verbindet euch
und die Menschheit wird sich erheben.
Liebt und lebt das Miteinander
und die Möglichkeiten, die es bietet.

Es ist für alles gesorgt.
Es ist genug für alle da.
Ein Leben in Fülle ist möglich.
Weil es vorgesehen ist.

Darum das Chaos.
Es kann kein seichter Übergang sein.
Dem Alten muss der Boden entrissen werden,
um Platz zu machen für das Neue.

Eine kollektive Nachtfahrt der Seele.

Die Seele der Menschheit.
Sie reinigt sich.
Dir zuliebe.
Euch zuliebe.

Und weil eine jede einzelne Seele sich entschlossen hatte,
daran mitzuwirken.

Eine jede auf ihrem Platz und eine jede auf ihre Art.

Uns allen hier unten - viel Kraft, Mut und Liebe

Wir alle sind hier aus freiem Willen.
Wir alle sind hier gut vorbereitet.
Das Leben hat uns vorbereitet für diese Zeit,
für diesen Weg, für unsere Rolle.
So wie es uns immer vorbereitet
für all das, was kommen mag.

Uns allen hier unten - viel Kraft, Mut und Gottes Segen.

Gottes Segen, den wir uns selber geben.
Unser göttlicher Anteil, unser Seelenfunken,
unser Hohes Selbst. Der Anteil von uns, der stets allwissender
Teil des AllEinen ist und mit uns hier unten verbunden ist.
Der Anteil von uns, der wir sind, segnet sich selber
und hält eine schützende Hand über sich.

Zusammen mit Heerscharen weiterer Helfer im Unsichtbaren.
Sie alle sind hier.
Sie alle sind hier, den Weg zu ebnen, den wir jetzt gehen.
Den die Menschheitsfamilie jetzt geht.

Auch, und vor allem, weil es im Außen nicht den Anschein
macht, als gehen wir alle denselben Weg.

Doch wir tun es.
Jeder auf seinem Platz.
Manche bewusster.
Manche weniger bewusst.

Die Richtung stimmt.

Durch den Schatten ins Licht.

Eure Neugeburt ist das, was ist

Wir nennen sie Neu, denn sie ist so viel großartiger
als alles bisherige. Neuer, grösser, heiler und
allumfassender als eine Wiedergeburt es sein könnte.

Lasst es euch auf der Zunge zergehen.
Eine Neugeburt wird euch geschenkt.

Das heile, vollkommene Wesen, das ihr seid, als dieses
dürft ihr euer Leben fortführen. Zwei Erdenkapitel in einem.
Kapitel, die derart nie zuvor erfahren werden konnten.
Ihr habt das große Los gezogen. Diese Erfahrung aller
Erfahrungen, sie wird euch zuteil.

Euer JA gabt ihr bereits vor diesem Leben.
Das Unendliche, die Quelle, sie kennt euer JA bereits.
Nun erinnert euch.

Gebt euer JA ins Leben,
als das bewusste Schöpferwesen, das ihr seid.

Gebt eure Zustimmung erneut
mitsamt eurem JA zu eurem Platz auf Erden.

Ein JA zu der Rolle im Wandel
und ein JA zu der Rolle auf der Neuen Erde,
für die ihr alles mitbringt.

Ihr bringt euch mit.
Ihr bringt eure Gaben mit, euren Mut, eure Kraft und
eure Visionen – schlicht den einen perfekten Ausdruck,
den nur ihr dem Neuen schenken könnt.

Eure Neugeburt ist das, was ist.

Eine Geburt, in der ihr alles seid.
Mutter, Kind und Schöpfer zugleich.

Neues Leben durch euch erschaffen.
Neues Sein durch euch in die Welt gebracht.

Seid aktiver Teil dessen und gleichzeitig,
lasst es geschehen.
Lasst euch führen hin zu einer jeden Aktion und
lasst euch führen hin zu einer jeden Hingabe, die es benötigt.

Wir führen euch.
Wir stehen euch zur Seite.
Wir bestärken euch
in einem jeden Moment.

Wir sind die Freude, die ihr seid,
und die schon heute das Neue in Liebe willkommen heißt.

Freudig und liebend,
bedingungslos liebend,
schreitet voran.

Eure Neugeburt ist das, was ist,
und euer Sein ist grenzenlos.

Durch den Geburtskanal kann nur die Essenz hindurch

Das alte Leben, es darf zurückgelassen werden,
denn im Neuen ist alles vorhanden.

Wir werden alles im Innen finden.

So wir denn hinschauen.
So wir denn Zweifel und Ängste beiseiteschieben
und uns auf uns selber einlassen. So wie ein Neugeborenes,
das mit nichts als Urvertrauen auf die Welt kommt.

Was eine Einladung dieses Leben bereit hält.

Wir dürfen Mutter und Kind zugleich sein.
Wir dürfen diese Erfahrung machen, uns aus uns selbst
heraus neu zu gebären. Bewusst alles Alte hinter uns zu
lassen, um neu zu starten.

Unser ganz eigener Reset.
Ein Reset der Menschheitsfamilie.
Auf einem Weg, den wir nicht alleine gehen.

Hilfe ist immer zur Stelle.
Unendliche Hilfe im Unsichtbaren
und greifbare Hilfe im Sichtbaren.

Es gibt sie, die Pioniere,
die diese Neugeburt im Persönlichen
bereits hinter sich haben.
Die den Wandel fort von einer äußeren Sicherheit,
hin zu ihrem stabilen inneren Kern bereits hinter sich haben.
Die den Schmerz und die Verzweiflung so mancher
Nachtfahrt der Seele bereits bewusst durchlebt und
ihren ihr innewohnenden Segen verinnerlicht haben.

All diese Pioniere sind da.
Bereit, Geburtshelfer zu sein.
Für den Einzelnen und für das Kollektiv.

Die Menschheit hat sich ihre eigenen Helfer bereits ausgebildet. Sie stehen bereit. Sie wissen um ihre Aufgabe. Und trotzdem sie die Wehen der Neugeburt des Kollektivs miterleben, so stehen sie zur Verfügung.
Für einen jeden, der nach ihnen ruft,
sucht, und um Hilfe bittet.

Wir bringen einander nach Hause.
Wir begleiten einander in die Neue Welt.
Eine Welt, die aus unserer Essenz heraus aufgebaut wird.

Die aus unserer Anbindung an das Große Ganze heraus aufgebaut wird. Eine Welt, in der wir die Visionen unserer Seele, unseres wahren Selbstes, aus dem Unsichtbaren ins Sichtbare bringen. In der wir den Himmel auf Erden bringen. Schlicht aus uns selbst heraus.

Wir haben alles im Gepäck.
Innere Weisheit, innere Wahrheit und innere Klarheit.

Aus uns selbst heraus werden wir erblühen
und unsere Essenz zum Strahlen bringen.

In Freude und Zuversicht voran.

Auf dass wir uns selbst
als Neu-Geborene willkommen heißen.

Die kosmische Geburt

Wir bringen uns selbst zur Welt.

Mutter und Kind zugleich sein.
Gebären und gebären lassen.
Aktiv sein und in der Hingabe sein.
Die Richtung erfühlen und die Richtung wählen.
Annehmen, was ist und annehmen, was sich zeigen möchte.

Schöpfer und Schöpfung in einem. Das seid ihr.
Das geschieht derzeit um euch und mit euch.

Ihr dürft es geschehen lassen,
denn die Entwicklung, sie steht in den Sternen.
Ihr dürft mitwirken, denn die Entwicklung,
sie liegt in euren Händen.
Ihr dürft alles.
Ihr dürft sein.

Die Neue Welt, sie möchte geboren und gestaltet werden.

Wie ein Kind ist sie perfekt im und
durch den Moment ihrer Geburt hindurch.
Wie ein Kind wird sie wachsen, sich entdecken und
sich entfalten dürfen.
Wie ein leeres Buch möchte sie von euch geschrieben
werden, um doch bereits geschrieben zu sein.

Alles liegt bereit.
Im Raum der Möglichkeiten liegt alles bereit.
Alles Mögliche und alles Unmögliche.
Alles zu Erschaffene und alles darüber hinaus.

Es liegt an euch, was ihr daraus macht.
Es ist bereits das Paradies.
Doch ihr habt es in den Händen.
Das Paradies zu erschaffen.

Liebe das Paradoxe.

Reine, höchste, kosmische Wahrheit, sie ist paradox.
Reines, höchstes, kosmisches Erschaffen, es ist möglich.

Die kosmische Geburt, sie wartet auf euch.
Auf einen jeden einzelnen.
Und doch seid ihr bereits mitten drin.

Nehmt die Einladung an.
Seid Mutter und Kind zugleich in diesem
ach so einmaligen Prozess. Vergesst und verlernt alles Alte.
Vergesst und verlernt und entledigt euch aller Grenzen.
Der sichtbaren und der unsichtbaren.

Erschafft als das, was ihr seid.

Kinder Gottes,
gekommen, den Himmel auf Erden zu leben.

Erschafft. Seid. Lebt. Liebt!
Für nichts anderes und so viel mehr seid ihr gekommen.

Ihr mit uns.
Wir mit euch.

Verbunden im Geiste.
Verbunden jenseits von Zeit und Raum.
Verbunden durch die Schöpfernatur, die ihr verkörpert.

Eure kosmische Geburt
ist das, was ist!

Neuverbindung

Wenn Altes nicht mehr den Weg weist,
wenn keine Wegweiser mehr existieren,
dann gilt es den Blick nach innen zu richten.

Hin zu dir.
Hin zu mir.
Hin zur Quelle Allen, was ist.

Ich bin es.
Euer Ursprung und euer Sein.
Eure Essenz. Euer Licht. Eure Liebe.

Durch mich seid ihr und durch euch bin ich.

Kinder des Lichtes, verbindet euch.
Alles um euch herum ist im Aufbruch begriffen.
Aufbruch und Reinigung.
Sterben und Neugeburt.

Ihr macht das großartig.
Durch all die Zeiten hindurch habt ihr euch auf diesen Moment
vorbereitet. Um ihn nun zu erleben. Euch aufzuschwingen.
Den Rückweg anzutreten, auf dem ihr längst seid.

Hinabgestiegen in die Schwere, um diese WandelZeiten
hautnah zu erleben. Sie zu durchleben. Mit eurem Sein
dem GesamtSein die Rückkehr in die Weiten des Seins
zu ermöglichen. In seine weiten und lichten Höhen.

Willkommen zuhause.
Willkommen!

Ich weiß, ich habt mich nie wirklich verlassen,
doch die Abtrennung, sie war so groß. So schwerwiegend.
So ein enormer Schritt durch Zeit und Raum hindurch.

Ich heiße euch willkommen.
Mit einem jedem eurer Atemzüge mehr.

Mit einem jeden Atemzug nähert ihr euch dem
Unausweichlichen.
Der Rückkehr ins Licht.

Auf dass das Unvermeidliche sich zeigen wird.
Auf dass es euch alle durchströmen wird,
euch durchlichten und einen jeden Zweifel beseitigen.

Ich liebe euch, meine Kinder.
Euer Dienst an der Welt, er ist so viel größer als ihr denkt,
als ihr zu überschauen vermögt.

Die neue Ordnung, sie wird eine andere sein.

Der Kosmos wird es euch danken.
Auf ewig danken.
Ihr selber dürft eine Freude erfahren,
die kaum ein Erdenleben bisher im Angebot hatte.

Genießt
einen jeden weiteren Schritt eurer Reise.
Lebt euch hinein, in das Unvorstellbare hinein.

Ich bin da.
Die Flamme des Allerheiligsten.
Quelle, Ursprung und Heimat.
Ich bin da
und unser aller Stolz und Dank ist unermesslich.

Seid gesegnet, geliebte Kinder, seid gesegnet,
denn ihr seid ein Segen für die Welt.

Oneness

Alles ist der eine Geist

Das Leben, es hilft mit beim Rückerinnern.
Es tut genau dies und nichts anderes.

Auf deinem Weg aus der Ganzheit in die vermeintliche Trennung, um zurück in die Ganzheit zu finden, die du nie verließt, auf diesem Weg geschieht Leben für dich.

Was ist diese Ganzheit für mich?

Ein Verständnis davon, Eins zu sein mit Allem.
Ein mir bewusst Sein, Bewusstsein zu sein.
Ungetrennter Teil des AllEinen auf einer Erdenmission,
die Trennung zu erfahren, um sie zu überwinden.

Mich, das Bewusstsein, das ich bin,
mich in Menschengestalt zu erfahren
mitsamt einem Paket an Erfahrungen,
die ich mir selber wählte.

Mich als das Schöpferwesen zu erkennen,
das ich bin und schon immer war.

Ich erschaffe mich.
Ich erschaffe mir meine Realität.

Zunächst auf geistiger Ebene durch mein Ja zu einem
ganz bestimmten Seelenplan für ein jedes Leben,
und dann auf menschlicher Ebene durch verschiedene Stufen
meines mir bewusst Seins über meine Essenz,
über das Bewusstsein, das ich bin.

Ich gehe durch den Schleier des Vergessens,
erschaffe mir auf menschlicher Ebene Dramen und
Erfahrungen der Trennung und des Opferseins,
um diese schlussendlich als Illusionen zu enttarnen,
mir dadurch die Macht, die ich abgab, wieder zurückzuholen,
um auch auf menschlicher Ebene mich als Schöpferwesen
zu leben und erleben.

Ich lebe und erlebe mich
durch einen wachsenden Einklang in mir.
Durch eine sich ausdehnende Erfahrung der Anbindung
an Alles, was ist. Es ist nicht die Anbindung, die sich
ausdehnt, es ist meine Rückerinnerung an das,
was immer da ist, da war und da sein wird.

Ich helfe mir selber durch ein aktives Ja sagen
zu einer Anbindung auf allen Ebenen.

Ja zum Irdischen, Ja zu Mutter Erde.
Ja zum Geistigen, Ja zu Vater Himmel.
Ja zum Menschlichen, zu meinem wahren Selbst
in seiner jeweils aktuellen Ausprägung
und Ja zu dem wahren Selbst
der gesamten Menschheitsfamilie
in ihrer jeweiligen Ausprägung.

All dies ist Eins.
All dies ist der eine Geist.
All dies sind mannigfaltige Ausprägungen an Mitspielern,
die sich selber nach Hause begleiten.

Nach Hause ins EinsSein,
in die Verbundenheit mit Allem, was ist.

Ein Weg, der mannigfaltigste Erfahrungen generiert
und diese einspeist in Alles, was ist.

Durch mein Sein erweitere ich mein Sein.
Durch mein Sein erweitere ich dein Sein.
Durch unser aller Sein erweitert sich das GesamtSein
und produziert ewige SeinsMomente.

Wir sind die, die uns unsere Entfaltung schenken.
Schlicht durch ein Erinnern an die Ganzheit.
Durch ein verändertes Bewusstsein, das dadurch
neue Ebenen seiner Selbst zugängig macht.

Heiße die Veränderung willkommen.
Heiße den Wandel willkommen.

Für nichts anderes kamen wir
auf unserer einmaligen Reise durch Zeit und Raum.

Hier das AllEine zu bereichern,
das längst perfekt ist.

Sei dir bewusst.
Du bist perfekt.
Jederzeit perfekt und ganz.
Ganz und AllEins mit Allem, was ist.

Mit einem jeden Atemzug beschenkst du dich,
deinen Nächsten und Alles, was ist
auf dem Weg zu immer höheren Höhen
einer glückseligen Einheitserfahrung.

Dafür bist du hier.
Dafür bist du.

Alles ist der eine Geist.

In mir zentriert sich die Unendlichkeit

Ich bin Liebe.
Ich atme Liebe.
Ich lasse fließen.

Ich spüre den Strom, spüre die Welle,
spüre das Umflossen und Gehalten Sein in einer Energie,
die jenseits von Zeit und Raum zu existieren scheint.

Ich bade in ihr und ich bin sie.
Ich sehe dich und ich spüre sie.
Ich sehe mich und ich bin sie.
Ich sehe die Welt und ich bin sie.

Ich bin, Alles, was ist.

In mir zentriert sich die Unendlichkeit.
In dir zentriert sich die Unendlichkeit.
In einem jeden tut sie es.
Und genau deshalb sind wir alles.

Unendliche Liebe.
Unendliche Weisheit.
Unendlicher Segen.

Aus dem Unendlichen heraus dürfen wir geben, alles geben.
Denn wenn die Unendlichkeit alles gibt,
ist sie es immer noch, unendlich.

Ich kann alles geben, bin alles und bleibe alles.
Ich kann nicht leerlaufen.
Auf dieser Ebene kann ich nicht leerlaufen.

Ich kann sein.
Sein und geben.
Geben und lieben.
Nehmen und geliebt werden.

Gehalten, getragen und geborgen in dem AllEinen,
das ich bin, das du bist, das die Menschheit ist.
Die Menschheit und alles darüber hinaus.

Dorthin gilt es zu schauen.
Dorthinein gilt es zu wachsen.
In das Bewusstsein genau dessen, was wir längst sind.

Wir dürfen wachsen und wir sollen wachsen.
Über uns hinaus und in uns hinein.
Über die alten Bilder hinaus und in die Unendlichkeit hinein,
deren Teil wir immer schon waren. Unbewusst waren.

Die Einladung, die Tore, alles steht weit offen.

Wir laden euch ein, Bewusstsein zu sein.
Wir laden euch ein, zuhause zu sein.
Wir laden euch ein, Gott zu sein.

Gott, Seele Universum,
AllEins mit Allem, was ist.

Wir laden euch ein, Schöpfer zu sein
und aus dem Vollen zu schöpfen.

Es gibt nichts, das ihr nicht seid.
Es gibt nichts, das ihr nicht erschaffen könnt.
Weder im Kleinen, noch im Großen.

Träumt. Träumt groß.
Von euch, von eurem Nächsten,
von Gaia und dem AllEinen.

Es will sich durch euch erfahren.

Das eine Bewusstsein, das ihr alle seid,
es will sich durch euch erfahren,
in all seiner Vielfalt, in all seiner Mannigfaltigkeit.

In all seiner Einmaligkeit,
die ein jeder sich selber schenken darf.
Sich selber und der Welt.

Sei das Geschenk, das du bist.
Für dich, für alle, für Alles, was ist.

Du bist es längst.

Schau in den Spiegel und erkenne es.

Erkenne dich. Göttliches Wesen.
Geliebtes, göttliches Wesen.
In all deinem segensreichen Sein.

Erkenne dich, liebe dich, lebe dich.
Für nichts anderes kamst du.

In dir zentriert sich die Unendlichkeit.

*****

Die Unendlichkeit in der Endlichkeit leben

Den Himmel auf Erden leben.
Aus der Vertikalen schöpfen.
Seelen-Impulse als Mensch leben.
Körper, Geist und Seele vereinen.
Zum Kanal mit freiem Willen werden.

Das alles ist die Aufhebung der Trennung in der Dualität.

Euch zu leben, seid ihr hier.
Euch auszudrücken, so wie ihr es euch vornahmt.
Euren ganz speziellen Stempel in der Welt zu hinterlassen,
wie nur ihr es könnt, dafür seid ihr hier.

Um das unendlich Göttliche mit euren Facetten zu bereichern.
Facetten, die ihr formtet.
Facetten, die ihr formen ließet.
Durch eure Entscheidungen vor und in diesem Leben.

Jede leidvolle Erfahrung ist ein Geschenk.
Jede freudvolle Erfahrung ist ein Geschenk.

Ihr, als die Summe, als die Verkörperung
eurer angenommenen Geschenke, ihr seid ein Geschenk.

So einmalig wie es nur sein kann.
So wertvoll, wie es nur sein kann.
So liebenswert, wie es nur sein kann.

Jeder Aspekt, jeder Ausdruck,
jedes Leid und jede Narbe,
all das bist du.

Geformt, um Freude zu sein.
Geformt, um Liebe zu sein.
Geformt, um Schöpfer zu sein.

Sei du selbst, liebe dich und lebe dich
und du bereicherst dich
und du bereicherst die Welt.

Du bereicherst das Endliche im Unendlichen.
Du bereicherst das Unendliche im Endlichen.

Du bereicherst Alles, was ist,
schlicht
weil du bist!

Auf der Suche nach dem ewigen Leben

Du bist es und du hast es
und du darfst den Zugang wieder finden,
indem du dich findest.
Indem du den Einklang in dir herstellst.

Den in dir und den außerhalb von dir.
Den Einklang von Körper, Geist und Seele.
Den Einklang mit Mutter Erde, Vater Himmel,
dir und deinem Nächsten.

Die heilige Dreieinigkeit in jedweder Kombination,
sie ist der Schlüssel.
Sie führt dich hin durch das Tor,
das keines ist, hin zu dem göttlichen Kind,
das du bist und immer warst.

Sage ja zu Allem was ist.
Erkenne dich an als Alles was ist.
Sage ja zu Gott Vater, Sohn und Heiligem Geist in dir.
Erkenne dich wieder im Himmel,
der Erde und deinem Nächsten.

Lebe dich durch deine Seelenführung.
Bringe deine unsichtbaren Impulse ins Leben
durch die Entscheidung deines Geistes und
durch das Erschaffen durch den menschlichen Körper.

Lebe so deinen Himmel auf Erden
und das ewige Leben ist dein. Auf immer dein.
Jenseits von Tod und Geburt ist es dein.

Die gelebte Dreieinigkeit ist dein Schlüssel
in die Unendlichkeit, in das Licht und
in die Liebe Allen was ist.

Die Aufhebung der Trennung auf allen Ebenen.
Sie ist das Ziel, der Weg und die Glückseligkeit.

*****

Aus einem Zwiegespräch mit meiner Eiche

„Die Welt, sie braucht uns. Die Menschen brauchen uns. Sie haben verlernt zu lauschen. All dem Wissen, das die Natur bereit hält. All der Weisheit, die ein jeder Strauch, ein jeder Stein teilen möchte, wenn es doch nur jemanden interessieren würde. Gedanklich dürfen wir in die Ferne schweifen, doch alles Gute liegt so nah. Alles Greifbare liegt so nah, weil es uns nützt. Alles, was uns nützt, liegt greifbar nah. Während wir gleichzeitig eingeladen sind, uns auszustrecken in die Unendlichkeit.

Das Sichtbare erfüllt mein Jetzt.
Das Unsichtbare kreiert mein Morgen.

Das alleine wäre bereits genug an Wissen, das euch für Jahre beschäftigen könnte. Doch ich habe noch mehr.

Liebe dich. Liebe deinen nächsten. Liebe mich.
So wie ihr Gott nicht außerhalb von euch suchen sollt,
so sucht auch die Liebe nicht dort. Ich bin Liebe.
Du bist Liebe.

Es gibt diese Frequenz auf der wir alle Eins sind.
Schwingt euch ein in sie, fühlt sie und dann handelt.
Aus dieser Frequenz heraus erschafft euch eure Welt von morgen. Denn nur so wird sie einem jeden zum Wohle sein. Nur so wird sie friedvoll sein. Nur so werden die Energien verblassen, die uns alle so erschöpfen. Nur so wird der Maskenspuk ein Ende nehmen.

Wie konntet ihr euch so weit von euch entfernen und diese Trennung auch noch derart sichtbar machen? Ich habe es lange beobachtet. So lange schon wuchs die Trennung im Feld. Wurde gegossen, gedüngt und immer wieder neu einer jeden Generation eingepflanzt.

Doch es gibt kein zu spät. Für den anderen Weg ist es nie zu spät. Und genau jetzt ist es genau richtig. Schaut in den Spiegel. Berührt euch. Schaut in die Natur. Berührt mich. Lasst es still werden im Kontakt mit mir, mit all den anderen Wesen, die vor eurer Tür auf euch warten.

Und dann spürt die große Liebe, die wir für euch haben. Trotz all der Ignoranz uns gegenüber, wir haben nie aufgehört euch zu lieben. Weil wir nicht anders können.
Weil wir Liebe sind. Weil wir ihr seid. Weil es uns nur gemeinsam gut gehen kann. Richtig gut. Nicht das gut, das ihr meint zu kennen. Ich meine ein lebendiges gut, ein strahlendes, sprühendes, glückseliges gut.
Eines, das ihr gerne mit jedem teilen möchtet und von dem immer im Überfluss vorhanden ist.

Wir werden es finden. Gemeinsam werden wir es erreichen. Doch sieh mich wieder an als das, was ich bin. Göttliche Energie. Hier, dir zu dienen, dich zu nähren, dich zu lehren. Nichts anderes bin ich, bist du, ist Alles, was ist."

Verbundenheit ist das, was ist

Wir sind bereits alle Eins.
Trennung ist die Illusion,
derer wir verfallen sind
und die im Außen verstärkt wird.

Das gespaltene Land.
Die gespaltene Welt.
Mit einem maximalen Fokus auf Abgrenzung.

Dein Nächster ist nicht dein Feind,
so wie der Tod es nicht ist.
Dein Nächster ist dein Freund,
wenn du dir selbst Freund bist.
Dein Nächster, das bist du.

Teil des Einen.
Teil des einen Bewusstseins, das wir alle sind.
Teil dieses Erdenspiels, das wir alle selber kreieren.

Um die Spaltung im Außen zu beenden,
kehre zurück zu dir. In die Selbstliebe.
Und dann liebe deinen Nächsten wie dich selbst.
Dann gibt es am Ende auch nichts zu bereuen
und die Angst vor dem Tod wird schwinden.

Wenn du dich als Teil des Einen fühlst, vorübergehend
inkarniert in diesen Körper, dann lässt du im Moment
des Todes schlicht Materie zurück und bist wieder völlig
eins mit dir, deiner Seele und Allem, was ist.

Verbundenheit ist das, was gefürchtet ist.
Deshalb die forcierte Angst im Außen.
Damit wir die Illusion der Trennung ausleben
und unsere Macht nicht erkennen.

Doch Verbundenheit im Geiste
kann nicht unterbunden werden.

Es ist deine Entscheidung.
Fühle sie.
Verbinde dich.

Schicke Energie in die Vision einer friedvollen Zukunft.
Einer Zukunft, in der Verbundenheit sichtbar und gelebt werden wird.

Im Geiste sind wir Eins.
Im Geiste sind wir mächtig.
Im Geiste sind wir Gott.

Verbundenheit ist das, was ist.

*****

Sehe ich mich und jeden Einzelnen
als einen göttlichen Seelenfunken
auf unseren ureigenen, einmaligen Wegen,
die Illusion der Trennung zu überwinden,
dann gibt es nur eines zu tun – lieben!

Frieden

Der Weg in den Frieden

Gehe in die Hingabe an dein Gefühl und in das Vertrauen ins Leben. Vertrauen ins Universum, in das große Ganze, in das AllEine.

Das ist der Weg für die Menschheit.
Wie im Kleinen, so im Großen.

In die Hingabe gehen, in die Seelenführung gehen,
aus dem Herzen heraus agieren,
das ist der Weg in den Frieden.
Das ist ein Siegen ohne zu Kämpfen.

In den heißesten Momenten die Ruhe bewahren.
Die vermeintlichen Probleme und das Angst-Machen
des alten Systems – es wahr nehmen, hinein spüren
und den Reichtum in sich selber entdecken.

Ohne Zweifel sein, an dem, was du bist.
Göttliche Seele, Seelenfunken, ein gleicher Teil des Ganzen,
vorübergehend inkarniert, um für dich und für die Welt
Erfahrungen zu machen. Es geht nie nur um dein
eigenes Wachstum. Oder um das Wachstum deiner Seele.
Sie ist nicht getrennt von allem.

So, wie ihr als Menschen nicht getrennt voneinander seid,
so seid ihr es schon gar nicht auf der geistigen,
auf der energetischen Ebene.
Was du an Erfahrungen machst – du machst sie für alle.
Zur Erweiterung des einen Bewusstseins, das ihr seid.

Der Weg in den Frieden, er geht durch das Herz.

Erkennt Euch – als Kinder Gottes.

Eines so einmalig, einzigartig, liebenswert und
reine Liebe wie ein anderes.

Hebt die Trennung auf!
Wie kann das AllEine sich selber trennen?
Denn genau das lebt ihr gerade.
Nur weil das AllEine nicht im Einklang ist, entstehen Reibereien, Hitze, Explosionen, Unfrieden, Misstöne.
Nichts anderes ist es, was sich gerade in der Welt im Außen äußert. Es ist der fehlende Einklang unter den Menschen und der zwischen Mensch und Natur.

Erinnert euch – auch Gaia ist ein Lebewesen.

Auch mit ihr sollt ihr im Einklang leben.
Es ist genug für alle da. Die Erde ist das Paradies, von dem ihr träumt. Verbindet euch im Herzen, im Frieden und schickt diesem Bild all eure Liebe, all eure positiven Energien, all eure Aufmerksamkeit.

Lasst euch nicht fesseln von den angstmachenden Nachrichten. Sie ziehen Aufmerksamkeit und sie produzieren Angst. Angst, die nur den wenigsten nützt. Denen, die die Erde nicht als Paradies und die Menschheit nicht im Einklang mit sich selber und der Natur sehen möchten. Ihr müsst die Verstrickungen hinter all den Unwahrheiten nicht verstehen. Ihr müsst nicht verstehen, wer, wann, was als Unwahrheit in die Welt gesetzt hat.

Es genügt das Bewusstsein, dass Angst manipuliert und dass ihr selber es seid, die das Paradies wieder zum Leben erwecken können.

Glaubt daran, lebt es, liebt es, erschafft es.
Ihr seid die einzig wahren Schöpfer, die es dafür benötigt.

In Liebe, voran.

Wenn aus Nichts Alles wird

Wenn aus Nichts Alles wird,
dann braucht es die Liebe.
Die das Nichts liebende Liebe.

Dann braucht es das Vertrauen.
Das dem Nichts vertrauende Vertrauen.

Dann braucht es den Mut.
Den alles loslassenden Mut, der das Tor öffnet,
das den Weg weist und Nichts zu Allem werden lässt.

Wenn aus Nichts Alles entstehen soll,
dann braucht es dein Ja zum Nichts.
Es braucht dein bedingungsloses Ja.

Ein Ja ohne Wenn und Aber.

Ein Ja, das keine Garantie verlangt auf Alles.

Ein Ja, das schlicht glaubt und liebt
und das Nichts willkommen heißt.

Willst du Alles lieben,
dann liebe das Nichts.

Wie im Kleinen, so im Großen.

Soll sich dein Leben wandeln, soll es sich im positiven Sinn
auf den Kopf stellen, so lasse alles los.

Bereite die Landebahn für alles, was kommen mag,
im Vertrauen darauf, dass all das zu dir findet, das dir dient
und dass all dies zur rechten Zeit geschieht.

Soll sich unser aller Leben wandeln, soll es sich im
positivsten Sinn auf den Kopf stellen, so schau in die Welt.

Nichts anderes geschieht dort.

Das Leben reicht uns die Hand.

Es lädt ein zum Loslassen. Ausgedientes loslassen.
Uns nicht mehr Dienendes loslassen.
Wahre Werte und wahre Gefährten erkennen.
Illusionen loslassen.

Erwartungen, Pläne, Systeme, Kartenhäuser. Allem wird die Basis entzogen, das nicht auf wahren Füssen steht. Mitsamt der Einladung an uns alle, dies willkommen zu heißen.

Ja zu sagen zum Wandel.
Das Nichts willkommen zu heißen.
Das Chaos auf dem Weg ins Nichts.

Im Vertrauen, dass auch im Großen es eine Landebahn für Neues braucht. Dass auch dieses Große, dieses Neue bereits bereit liegt, uns zu dienen.
Uns nun wahrlich zu dienen.

Den göttlichen Wesen, die wir sind.
Dabei, eine menschliche Erfahrung zu machen.
Die auf dem Weg sind, Mensch und Gott zugleich zu leben.

Geist in die Materie zu bringen.
Aus uns heraus erschaffen zu dürfen.
Den Himmel auf Erden zu leben.
Unser AllEinsSein zu leben.

Eben, aus Nichts Alles zu machen, weil wir Alles sind.

Es ist der Plan, der in den Sternen steht,
der auf unser Ja wartet.
Auf ein Ja im Kleinen und auf ein Ja im Großen.

Ein Plan, dessen Gelingen ebenso in den Sternen steht. Doch es braucht dich. Es braucht einen jeden einzelnen von uns, die wir alle Eins sind. Ein jeder darf sich entscheiden, den Weg zu gehen oder ihn nicht zu gehen ...

Aus Nichts Alles machen.

Nie zuvor gab es diese Herausforderung.
Nie zuvor gab es diese Einladung.
Nie zuvor waren schlicht Mut und Liebe und Vertrauen gefragt
für den Schritt ins Neue.

Pioniere der Neuen Welt,
es braucht euer JA.

Seid gewiss

– im Nichts ist Alles zu finden!

*****

Der Einklang

Der Einklang in mir,
der Einklang in dir,
der Einklang unter den Menschen und der mit ihrer Natur.
Um nichts anderes geht es.

Einklang mit Allem, was ist, weil alles Eins ist.

Ein jeder in seiner Einmaligkeit.
Ein jeder in seiner Verkörperung der Göttlichkeit.
Ein jeder in seinem perfekten Ausdruck des Momentes.
Miteinander schwingen.
In uns und mit uns und mit Allem, was ist.

Innerlich im Einklang sein.
Körper, Geist und Seele in den Einklang bringen.
Bauch- und Herz- und Kopfenergien in den Einklang bringen.

Das Ego verabschieden.
Die Führung der Seele als den erfüllenden Wegweiser
durch das Leben anerkennen.
Ihr lauschen, vertrauen und folgen.

Mit der Macht des Geistes,
mit der Macht der Gedanken,
mit dem freien Willen in uns ihre Führung
auf die Erde bringen.
Mittels unseres Körpers dem Ausdruck verleihen,
was durch uns Seele ausgedrückt werden möchte.

Das ist für mich der innere Einklang.
Diesen einmaligen Klang gilt es, in sich zu schützen
und zu lieben und ihn in einem jeden zu sehen.
Diesen einmaligen Klang eines jeden gilt es,
zu schätzen und zu lieben.
Den Gleichklang mit der uns umgebenden Natur gilt es,
zu schätzen und zu lieben.
Kein Körper, keine Zelle, kein Hauch eines Ausdruckes
wäre möglich ohne Mutter Erde.
Wasser, Erde, Luft und Feuer, das ist, was wir sind.

Formgebende Inspiration erhalten wir aus dem Unsichtbaren,
doch für das Sichtbare, für die Körperlichkeit,
dafür brauchen wir sie. Mutter Erde. Gaia.

Auch mit ihr sollen wir im Einklang leben.
Weil wir sie sind
Weil wir alles sind.

Körper, Geist und Seele,
im Kleinen wie im Großen,
Teil des AllEinen, das sich verbunden fühlen darf,
mit Allem, was ist.

Die Aufhebung der Trennung in der Dualität,
das ist der Weg in den Frieden,
Mission und Aufgabe,
für uns und für die Welt.

Einfach nur Sein

Auf allen Ebenen sein.

Sich aller Ebenen bewusst sein.
Sich der Quellebene bewusst sein.
Sich des gewählten menschlichen Spiels bewusst sein.

Alle Ebenen kennen.
Die wahre Ebene kennen.
Und auf allen zugleich zuhause sein.

Einfach nur Sein.

Es gibt nur ein Sein.
Das aus dem Herzen Sein
und das aus der Quelle Sich Bewusst Sein,
die eines sind.

Genau das ist eure Aufgabe, diese zu verbinden.
Sie in der gewählten Inkarnation zu verbinden.
Sie in der gewählten Simulation zu verbinden.

Ihr seid Bewusstsein.
Reinstes Bewusstsein.
Vorübergehend involviert in dieses Erdenspiel.

Euer Zugang zu euch, zu euren menschlichen Kräften
und zu euren himmlischen Kräften, er geht durch das Herz.
Durch das Herz findet ihr in euer Sein. Es ist der Zugang zum
MenschSein und es ist der Zugang zum SternenstaubSein.

Ihr braucht nicht wählen.
Ihr dürft beides sein.
Denn ihr seid es.

Beides zugleich. Aufgerufen, die Trennung, die schlicht
in euch existiert, genau diese in euch aufzuheben
und damit den Samen zu setzen, dass auch euer Nächster,
dass auch er sie aufhebt, sie in sich aufhebt.

Auf dass sie sich im Außen aufhebt und Verbundenheit entsteht. Gelebte Verbundenheit, die energetisch längst ist und schon immer war.

Der Weg in den Frieden, er geht durch das Herz.
Der Weg in die Einheit, er geht durch das Herz.
Der Weg zur Quelle, in das AllEine Sein,
er geht durch das Herz.

Löst den Widerspruch in euch auf,
Sternenstaub und Mensch zugleich zu sein.

Ihr seid Liebe mit der Aufgabe das MenschSein zu lieben
wie euer wahres Sein. Einen jeden Hauch, einen jeden Schritt,
eine jede Herausforderung, eine jede Entscheidung und eine
jede Emotion, liebt sie, denn ihr wähltet sie.
Ihr seid die Schöpfer der Simulation Erdenspiel.

Euer Bewusstsein bewegt.
Euer Bewusstsein erschafft.
Euer Bewusstsein manifestiert Energie
in die vermeintliche Wahrnehmung einer Realität.

Seid euch der Illusion bewusst, die ihr wähltet.
Seid euch eures Einflusses bewusst, der existiert.
Seid euch eurer Größe bewusst
und der Verbundenheit mit Allem, was ist.

Einheitsbewusstsein im Erdenspiel,
auf der Suche nach Erfahrung und Entfaltung.

Wer, wenn nicht du, kann sie dir schenken?

Deine Entfaltung
zum schönsten und strahlendsten Schmetterling dieser Welt.

Sternenstaub, der sich erleben möchte,
wähle das Programm weise!

Hand in Hand

Die Härte und die Weichheit, sie gehen Hand in Hand.
Sie beruhen auf mir, der Stärke, die ihr seid.
Der heilen Stärke, die alles vereint, alles ist, alles erlaubt.

Sie erlaubt euch Weichheit, die nicht verletzt werden kann,
und sie erlaubt euch Härte, die keinen Schaden anrichtet.
Härte zum Wohle des Großen Ganzen.

Macht sie euch zu eigen, die Pole der Dualität.
Lasst sie in euch eins werden, um sie aus einem
geheilten Sein heraus leben zu können.
Nur so werden sie ihren wahren Nutzen entfalten.

Lebt die Vielfalt im Bewusstsein des Bewusstseins,
das ihr seid.

Aus dem Bewusstsein heraus, aus dem Sein heraus,
erfühlt das Notwendige, erfühlt die Richtung,
erfühlt den Moment.

Steht ein für euch mit allem Nötigen – in geheilter Form.
Steht ein als und für das GottSelbst, das ihr seid,
für den freien Souverän, als der ihr
diese Inkarnation beschließen möchtet.

Dafür seid ihr hier.
Die Pole zu nutzen.
Euch im Erdenspektrum zu entfalten.
Nicht, sich ihm zu unterwerfen.

Ich bin die Stärke, die ihr seid und ich bitte euch,
mich zu leben, mich zu lieben.
Ich werde euch in die Freiheit führen,
hart und weich zugleich.

Fließt mit mir, wie Wasser sich seinen Weg sucht,
doch seid ebenso der Fels in der Brandung.

Haltet Stand denen,
die nicht das höchste Wohl aller zum Ziel haben.

Der heile Kern in euch,
angebunden an Himmel und Erde,
er weist euch den Weg.
Himmlische und irdische Kräfte
Hand in Hand, so geht voran.

Der Sieg über das Dunkle ist euch gewiss.

Er ist!

Leuchttürme

Die Ruhe vor dem Sturm

Die Ruhe vor dem Sturm ist nicht ganz die richtige Bezeichnung. Doch der Sturm ist es auch nicht. Noch nicht. Es ist auch nicht das Auge des Sturmes. Zu manchen Zeiten gibt es keine treffenden Bezeichnungen.

Zu neu ist diese Situation für euch. Es stürmt auf allen Ebenen und tut es auch wieder nicht. Der Wind der Veränderung pfeift euch um die Ohren und für manche ist es windstill. Unempfindlich, stumm oder taub, verschlossen den Realitäten gegenüber, die einfach nicht wahr sein dürfen. Und wenn sie sich zeigen, dann beginnt für die einen der Sturm und für andere endet er.

Jubel über die Wahrheit und Schock über die Wahrheit vermischen sich zu einem Gebräu, zu einer Mixtur,
zu einem Chaos, das so gewaltig ist, dass nur Neues daraus entstehen kann. Es hält das Potential inne für alles. Alles Friedliche, alles Gewaltige, alles Schöpferische und alles Zerstörerische. Für alles, was ihr daraus machen wollt.

Leuchttürme, steht stark!

Verzagt nicht, in den dunkelsten Stunden weiter zu scheinen.
Beschützt wie ihr seid. Sie brauchen euch.
Die Kinder, die Verlassenen, die ihrer Spur Beraubten.
Die Ungeübten, die Geschockten, denen ihr Weltbild entglitt.
Sie brauchen Halt und sie brauchen Liebe.
Sie brauchen Stärke und Unterstützung.

Neue Wegweiser braucht das Land.

Seid bereit für eure große Aufgabe.
Jahre wird sie euch beschäftigen. Abverlangen wird sie von euch weitere Beschimpfungen, Gegenwehr und Ablehnung.
Unverständnis über euer Nicht-Richten-Wollen.
Unverständnis über die Liebe zum Feind.
Unverständnis über die bedingungslose Liebe, die ihr leben werdet, weil ihr es seid. Weil es eurem tiefsten Inneren entspricht und ihr gar nicht anders könnt.

Und irgendwann werden sie es erkennen. Die Kraft, die hinter dieser Liebe steht. Sie werden sich fragen, wie ihr diesen Weg so unbeirrt gehen konntet – weil sie es nicht können.

Irgendwann wird der Moment kommen, wo Tag für Tag,
einer nach dem anderen, wo sie euch folgen möchten,
wo sie eurem Beispiel folgen möchten.

Weil ihr so stark scheint und sie so schwach.
Weil ihr die Antworten haben werdet und sie die Fragen.
Weil alles Alte nicht mehr halten wird und wie die Kinder werden sie lechzen nach einer Anleitung. Dann seid ihr da.
Die Gesetze des Universums zu lehren.
Den Einklang mit allem, den ihr leben sollt.

Es ist kein leichter Weg, doch er liegt euch im Blut.
Ihr könnt nicht mehr anders. Nach allem, was hinter euch liegt, dürft ihr eure Berufung leben. Ausbildung war gestern.
Die Pflicht ruft. Und sie wird euch eine Ehre sein.

Leuchttürme dieser Welt – scheint.
Scheint was ihr könnt.
Sie werden es euch irgendwann danken.

Wir tun es schon heute.
In Liebe, die Euren

Sie werden es uns irgendwann danken.

Doch dafür tun wir es nicht.
Wir tun es, weil wir nicht anders können.
Weil eine Kraft uns antreibt, die nicht von dieser Welt ist.
Eine Kraft, die viel zu lange nicht mehr gespürt wurde.
Die unterdrückt wurde, verboten und verschleiert.
Weil sie so stark ist.
Weil sie das Potential hat zu erschaffen.
Weil sie stärker ist als alles Dunkle dieser Welt.

Es ist vorbei.
Aus und vorbei.
Die Dunkelheit verabschiedet sich.
Auf einer unsichtbaren Ebene hat sie es bereits getan,
doch die Materie ist träge.
Die letzten Zuckungen. Ein letztes Aufbäumen.
Ein Sturm im Außen und ihr seid frei.
Ihr seid heute schon frei.

Es wird sich noch etwas abspielen,
um das Offensichtliche zu bereinigen. Doch keine Angst.
Ihr seid frei und nach dem Sturm kommt die Ruhe.
Nach dem Sturm wird man euch sehen.

Ihr müsst nicht aufstehen.
Ihr steht bereits dort.
Verteilt über den Erdball.
Leuchtturm für Leuchtturm.
Jeder an seinem Platz.

Der Sturm wird sich legen.
Die Nebel werden sich lichten.
Und die Augen werden sich öffnen,
um euch zu sehen,
nach euch zu greifen,
nach dem Licht, das ihr dieser Welt schenkt.

Nichts anderes ist es.
Ihr seid das Geschenk für die Welt.
Eure Leben sind gelebt für die Welt.
Für eine bessere Welt.

Und bis dahin – wird euch nichts passieren.
Ihr seid versorgt und beschützt,
mehr als ihr es euch vorstellen könnt.
Weil die Welt euch braucht.
Weil die sichtbare und die unsichtbare Welt euch braucht.
Und damit ihr diesen Platz unbeschadet erreicht,
seid ihr im Unsichtbaren beschützt.

Alle Engel singen für euch.
Hört das Halleluja erklingen.
Hört die Fanfaren.

Ihr seid frei!

Singet euch ein Halleluja!

Ihr seid so viele – und doch so wenig

Ihr seid so viele an der Zahl.
Ihr seid bereits so viele, mehr als ein jeder von euch denkt. So viele, die das System durchschauen. Die ahnen und beten, dass es zusammenbrechen wird. Die hoffen und wünschen, dass nichts vom Alten übrig bleiben wird. Um neu zu erschaffen. So viele, die von einer neuen Zeit träumen.
Sie fühlen. Gedanklich bereits in ihr leben.
So viele, die Visionen haben.

Und doch seid ihr wenig.

So fern noch von eurer Kraft.
So fern noch von der Kraft, die möglich ist, wenn ihr euch findet. Eure Kräfte bündelt. Eure Aktionen bündelt.
Eure Intentionen gemeinsam ausrichtet.

So fern noch von eurer eigenen Macht.
Von dem Potential, das in euch schlummert,
wenn ihr daran glaubt.

Beides ist wichtig.

Die eigene Schöpfermacht anzuerkennen.
In Erwartung zu ziehen, dass sie um so vieles größer ist,
als ihr erahnen mögt.

Dazu das Zusammenfinden. Das gemeinsame Ausrichten auf das Neue. Das gemeinsame Visionieren des Neuen. Das gemeinsame, kreative Erschaffen-Wollen des Neuen zum Wohle aller. Fern von den alten Gedanken eines eigenen Nutzens.

Eine Welt zum Wohle aller wird immer auch eine Welt zu eurem ganz persönlichen Wohle sein. Umgekehrt wird ein Leben ausgerichtet auf euer ganz persönliches Wohl, auf ein persönliches Erfüllt-Sein, immer auch zum Wohle aller sein.

Eure Gaben zu leben wird sich perfekt einfügen
in das große Puzzle, das die Welt verändern wird.

Ihr seid so viele – und doch so wenig,
und der Weg hin zu einem mehr, der Weg zu einem Mehrwert,
er liegt in euch. Gemeinsam voran. Nicht aus Angst, sondern
aus Liebe. Aus einer Liebe für die Welt von morgen vereint
euch, erschafft sie euch vor eurem geistigen Auge,
vereint eure Kraft und sie wird entstehen.

Die Ansätze sind alle da.
Die Ideengeber und die Macher, sie sind alle da.
Ihr dürft euch finden und ausrichten.

Pioniere, Architekten und Umsetzer
zum Wohle aller
kreiert und erschafft
und die Welt wird erblühen.

*****

Pioniergeist und Aufbau

Begriffe für die Welt von morgen.

Pioniergeist und Aufbau,
braucht es dafür nicht ein unbestelltes Feld?

Noch stehen die Kartenhäuser.
Noch scheinen sie zu stehen.
Doch die Uhren haben sich bereits weiter gedreht.
Das Feld ist offen für die neuen Gründerväter, für die
Gründermütter. Für eine neue Welt aus dem Geiste geboren.

Die Zeit ist jetzt.
Es ist nicht zu früh und nicht zu spät.
Es ist genau jetzt Zeit für Visionen.

Vor der Handlung steht die Vision.

In dem Neuen, das für uns vorgesehen ist,
wird nicht reagiert, es wird agiert.
Es wird kreiert und geschöpft.
Innere Bilder ins Außen gebracht.

Die Zeit für innere Bilder ist genau jetzt.

Wir sind eingeladen, beteiligt zu sein, an der Geburt einer Idee von etwas Neuem. Von einer neuen Welt. Wir dürfen groß denken und wir dürfen groß träumen. Alle Türen sind offen für unseren Traum von der Welt von morgen.

Es ist alles vorhanden, denn wir sind vorhanden.

Es ist alles in uns. Träume, Sehnsüchte, Bilder, Visionen.
Nie zuvor war die Zeit so sehr reif, dass wir uns auf den Weg machen, sie ans Licht der Welt zu bringen.

Das Fallen der Kartenhäuser ist längst vorgesehen.
Und genau deshalb dürfen wir einen Schritt voraus sein.
Wir sollen es sein. Wir sollen Pioniere sein.
Pioniere der neuen Zeit.

Es sind keine unentdeckten Länder oder Kontinente gar, die es noch zu erobern gilt, es ist die Welt, wie wir sie kannten, die anders belebt werden möchte.
Die überhaupt einmal belebt werden möchte.

Nicht wir berauben die Erde ihrer Schätze,
wir schenken uns der Erde als die Schätze, die wir sind.
Als die Schöpfer, die wir sind.

Niemand muss hungern, niemand muss darben, niemand muss leiden. Es ist für jeden und alles gesorgt. Es braucht keine Grenzen, keine Waffen und keinen Krieg. Alles gehört keinem und jedem zugleich. Es ist ein Geben und Nehmen im Einklang mit Allem. Bedingungslos.

Es ist ein weiter Weg.
Doch es ist ein gangbarer.
Ein Weg, der mit einem ersten Schritt beginnt.
Der mit einer Entscheidung beginnt.
Der mit der Absicht beginnt, dass wir uns für etwas Neues entscheiden und mit der Suche nach den Bildern einer uns alle erfüllenden Zukunft.

Pioniergeister braucht die Welt!

*****

Das energetische Katapult

Ihr seid es.
Ihr Leuchttürme.
Ihr scheint und ihr bewirkt so viel mehr.

Ihr seid das energetische Katapult.
Für so viele.

Euer Vorangehen, euer Loslassen, euer Vorbild, es hilft so vielen zu vertrauen, zu glauben, und den Wunsch nach der alten Normalität loszulassen.

Denn ihr lebt das Neue. Das Erstrebenswerte.
Das friedvolle, bedingungslose, wertschätzende Miteinander.

Ihr lebt das Sein.
Ihr lebt den Ausdruck.
Ihr lebt.

Ihr hebt die Schwingung, wo immer ihr geht und steht.
Ihr hebt die Schwingung, wo immer ihr euch mitteilt.
Ihr hebt die Schwingung, wo immer ihr euren Segen hinterlasst.

Sie werden euch folgen wollen.
Den gelebten Vorbildern, die ihr der Welt schenkt.

Ihr helft beim Schließen der Türen,
um Altes hinter sich zu lassen und
ihr helft beim Öffnen der Türen,
um Neues einzuladen.

Eure geschlagenen Pfade laden ein, euch nachzufolgen.
Sie senken die Hemmschwelle derer, die ihren Mut neu finden
und bereit sind, auch ihre Schritte ins Neue zu tun. Einer nach
dem anderen. Auf einer Waage, die längst am Kippen ist.

Licht wiegt so viel mehr als das Schwere.

Euer Licht, es wiegt schwer.
Positiv schwer.
Unübersehbar schwer.
Unüberfühlbar schwer.

Eure Kraft ist es, die die Welt in ihr neues Sein katapultiert.

Unterschätzt es nie.
Ihr seid mächtig.
Mächtige Wesen.
Energiewesen, die wirken durch ihr Sein.

Mag wenig noch greifbar sein, ihr seid.
Mehr als das Zünglein an der Waage.

Ihr seid.
Die Waage. Das Gewicht. Der Ausschlag.

Ihr seid
Eure Zukunft
und wir lieben euch für euer Sein,
energetische Katapulte dieser Welt!

Seid, liebt, lebt
mehr gibt es nicht zu tun.

Brückenbauer

Brückenbauer,
das ist, was ihr seid.

Brücken bauen und sie als erstes überschreiten.
Beim Überschreiten, so zu strahlen, dass die Welt aufhorcht.
Dass euer Leuchten ihre Sinne berührt,
auf dass sie euch folgen möchten.

Heraus aus der Schwere.
Heraus aus den Käfigen ihres Verstands.

Hinein in die Unendlichkeit.
Hinein in das Schöpfer-Bewusstsein.
Hinein in eine friedvolle, liebevolle Zukunft.
Mit der Freude und der Liebe des göttlichen Kindes,
das ihr seid.

Brückenbauer, das seid ihr.
Durch euer Vorleben all dessen, was ihr bereinigt habt.

Denn das göttliche Kind, es kann nicht strahlen in den
Schatten seiner Vergangenheit. Und so hat ein jeder es
in seiner Hand, sein Strahlen sichtbar zu machen.
Ein jeder auf seine ganz eigene Weise.

Denn es gibt nicht den einen Weg für alle.
Es gibt den einen Weg für einen jeden einzelnen.
Man stelle sich seinen Schatten, erkenne ihren Nutzen,
lebe die Dankbarkeit für alles Gewese, gehe in Frieden
mit allem was war, und schreite voran.

Der Weg für einen jeden, er wird gewiesen werden,
so wie er euch gewiesen wurde.

Berichtet von euren Wegen, die euch hinführten zu den
Brücken. Macht euch sichtbar und macht euch fühlbar.

Nicht denkend wird die Zukunft erobert werden, sie will gefühlt werden. Fühlt euch hinein in eure Sehnsüchte und teilt sie.

Sehnsüchte, die eurem Innersten entspringen.

Nicht das Ego weist den Weg in die Zukunft,
Herz und Seele sind die wahren Wegweiser.

Findet sie in euch, lauscht ihnen, vertraut ihnen.

Nichts als euer Wohl ist ihr Anliegen.

Sie sind die personalisierte Sprache Gottes,
der für einen jeden die passenden Worte findet.

Passend zu euch.
Passend zu eurem Weg.
Passend zu eurem Seelenplan,
mit dem ihr in dieses Erdenleben startetet.

Lauscht, vertraut und folgt
und der Weg über die Brücke wird euer sein.

Schöpfer

Göttliche Wesen, erkennt euch

Ihr seid es. Ihr seid die Schöpfer.
Die großartigen, mutigen Seelen, die sich nach diesem Erdenerlebnis sehnten. Es sind gewaltige Zeiten.
Zeiten, die Geschichte schreiben. Zeiten, die nicht nur in die Bücher der Erdengeschichte eingehen, nein, das ganze Universum schaut auf euch.

Ihr seid die Helden und ihr macht das großartig.
Jeder auf seinem Platz. Sei es die schlafende Rolle.
Sei es die aufklärende Rolle. Sei es der Rebell, der Mitläufer oder der Lügner. Ein jeder wird gebraucht.

Aufwachen ohne Schmerz – unmöglich.
Aufwachen ohne Unwahrheiten – unmöglich.
Aufwachen ohne Aufrüttelndes – unmöglich.

Bedankt euch bei all denen, die immer mehr an Einschränkungen durchsetzen wollen.
Sie bereiten den Weg. Ohne sie geht es nicht.

Durch die Spaltung in die Einheit. Das heißt, die Propaganda der Spaltung ist notwendig. Notwendig und heilsam.
Weil nur so der Wunsch wachsen und wachsen und wachsen wird – dass ihr genau dies nicht mehr wollt.
Die Illusion der Trennung, derer ihr erlegen seid, sie muss sich im Außen zeigen – damit ihr euch schlussendlich in die Arme fallt und den Himmel auf Erden kreiert.

Alles ist gut.
Alles hat seinen Sinn.
Alles läuft nach Plan.

Haltet die Vision des Lichtes, das ihr seid.
Haltet die Vision einer friedlichen Welt – und sie wird erscheinen. Aus dem Herzen heraus sollt ihr leben.
Dorthin richtet den Blick.
Seht hin, spürt, fühlt und folgt dieser Sehnsucht.

Es gibt keinen besseren Wegweiser – nach Hause.

*****

Schöpfer sein

So funktioniert Erschaffen.
In einem „Ich Bin“ verweilen,
und ein „Ich Bin“ aussenden.

Es pflanzt sich fort in eurem Umfeld.
Es infiziert alles, was ist, um euch herum.
Es nimmt es mit und eure Energien potenzieren sich.

Die Zeit der einsamen Leuchttürme ist vorbei.
Es ist an der Zeit, die Kräfte zu bündeln. Lange genug wart ihr verstreut über den Erdball. Jeder an seinem Platz.
Jeder in einer Umgebung, die Licht brauchte.
Jeder an seinem Platz für seine Entwicklung
und um das Strahlen zu üben.

Verbindet euch. Mit allem Gelernten, mit all euren Wahrnehmungen, verbindet euch und lasst euer Licht strahlen. Eure Visionen einer neuen Welt,
füttert sie mit euren Energien.

Das Alte ist tot.
Es lebe das Neue.
Es lebe die Manifestation, die ihr gestalten dürft.

Der Boden ist bereitet. Im Unsichtbaren ist er längst bereitet.
Die Grundlage für die neue Welt ist längst vorhanden.

Doch wir sagen euch nichts Neues, die Umsetzung in das Sichtbare, sie benötigt Zeit. Noch benötigt sie Zeit. Derart Großes benötigt Zeit.

Im Kleinen könnt ihr es längst spüren. Herzenswünsche, gedacht und in die Welt gegeben, sie erfüllen sich. Sätze, ausgesprochen, achtsam und absichtslos, achtsam und anstrengungslos, sie erfüllen sich.

Abrakadabra.
I create as I speak.

Großartiges dürft ihr erschaffen mit euren gebündelten Kräften. Energien, die abgezogen werden von Reaktionen auf eine sterbende Welt. Abgezogen von Kartenhäusern, die energetisch längst gefallen sind. Abgezogen von jeglichen Negativmeldungen. Abgezogen von jeglicher Angst.

Aus der Angst in die Liebe.

In Liebe verbindet euch und seid Schöpfer.
Erschaffer eurer Welt im Kleinen
und Erschaffer eurer Welt im Großen.

Ko-kreationen, das ist es, worauf die Welt wartet.

Ergänzt euch in euren Gaben und ergänzt euch in euren Energien. Im Sichtbaren und im Unsichtbaren. Und die Welt wird erblühen. Ein jeder in seinem „Ich Bin“ ist ein perfekter Puzzlestein in der Welt. In einem jeden Moment.
Im Jetzt, im Hier, im Heute, und für alle Zeit.

Seid Schöpfer durch euer Sein.
Schwingt in eurem Sein.
Glaubt an euer Sein

Mehr als ein „Ich Bin“ kann es nicht geben!

Schöpferkraft

Erkenne den Reichtum in dir.
Erkenne dein eigenes Potential.
Erkenne deine eigene Größe.

Alles liegt in dir.

Nichts im Außen kann daran rütteln.
Nichts im Außen definiert dein wahres Ich.
Nichts im Außen definiert dein wahres Sein.

Mangel ist eine Illusion.

Werde dir deines Seins bewusst.
Werde dir deines Bewusstseins bewusst.

Ein ungetrennter Teil des Ganzen zu sein.

Energiewesen.
Schöpferwesen.
Schöpferkraft.

Du bist so reich, wie du denkst, dass du bist.
Du bist so kraftvoll, wie du denkst, dass du bist.
Du bist so sehr Schöpfer, wie du denkst, dass du bist.

Alles liegt in dir.
Alles liegt in deiner Macht.
Alles liegt in deinen Händen.

Gott hat keine anderen Hände, als die deinen.

Schöpfe, kreiere, erschaffe
deinen Himmel auf Erden!

Schöpfer sein

Aus dem Geiste erschaffen.
Seinen inneren Bildern trauen,
ihnen ein JA geben und voran gehen.
Sie mit Energien füttern und mit Taten unterstützen.

Den Zeichen folgen.
Impulse umsetzen.
Die Vision nähren und ihr vertrauen.
Dir vertrauen.
Dem Plan vertrauen.
Du kannst nichts sehen, dass sich nicht erschaffen ließe.

Gibst du deinen Willen in den des Schöpfers,
kannst du sie leben, deine Schöpfermacht.
Im Einklang mit dem Großen Plan darf sich das manifestieren,
was für dich vorgesehen ist. Was für die Welt vorgesehen ist.
Was du für dich als Aufgabe wähltest und was seitdem
als Möglichkeit im Feld existiert.

Du selber hast im Geiste den Samen gesetzt,
um ihn zu seiner Zeit auf Erden zu empfangen
und zur Welt zu bringen.
Du bist sein Erschaffer, im Himmel und auf Erden
Um den Himmel auf Erden zu leben.
Um als Mensch Schöpfer zu sein.

Schöpferwesen, das du bist,
gehe Gott entgegen!

Liebe, ehre und schätze, was du bist,
was du sein darfst.

Kanal zu sein für das Göttliche.
Zum Großen Plan beizutragen in diesem Erdenspiel
zu diesen außerordentlichen Zeiten.

Deine einmalige Rolle einzunehmen im Wandel.
Deine Gaben, deine Schwingung, dein Sein
in die Welt zu geben als deinen Beitrag zum Wohle aller.

All deine Erfahrungen, sie prägten und sie formten dich.
Sie tragen bei zu deiner einmaligen Komposition,
die nur du der Welt schenken kannst.

Der Weg hin zu dir, hin zu dem Schöpferwesen in dir,
er geht durch die Angst. Die Angst und die Sehnsucht,
sie weisen den Weg.

Beides gabst du dir selber mit auf den Weg.
Erfahrungen, die du dir schenktest aus Liebe.
Liebe zu dir und Liebe zur Welt.

Kein Stein, den du dir selber in den Weg legtest,
ist zu groß für dich. Drum wage es und schaue hin.
Bereinige alle Schatten, die noch auf deinem heilen
inneren Kern liegen, um als das göttliche Kind,
das du bist, zu erschaffen.

Für nichts anderes kamst du.

Die Trennung zu erfahren, dich erneut zu finden und durch
das Aufheben der Trennung in dir deinen Beitrag zu leisten
zur Aufhebung der Trennung in der Welt.

Körper, Geist und Seele im Einklang in dir verleihen dir
deine einmalige Schwingung, auf die die Welt wartet.
Um aus dem Einklang in dir
den Einklang in der Welt zu erschaffen.

Deine Seele weist den Weg.
Lausche, vertraue und folge ihr
für ein Leben in einem Himmel auf Erden.

Schöpferkraft

Die Verkörperung des Göttlichen, das Werkzeug des AllEinen,
kosmisches Bewusstsein in Form gebracht,
mit menschlichen Sinnen, einem freien Willen und
einer unendlichen Geisteskraft versehen, das seid ihr.

Auf der Erde wandelnd.
Den Himmel erschaffend.
Die Schwingung anhebend.

Denn schlicht um dies eine geht es – euch den Heimweg zu
manifestieren. Die niederen Energien hinter euch zu lassen
auf eurer einmaligen Reise der BewusstseinsAnhebung,
der PotentialEntfaltung, der WahrnehmungsErweiterung.
Hin zu eurer wahren Rolle. Hin zu eurer Schöpferrolle.

Nach dem Abstieg den Aufstieg lebend,
ihn liebend, ihn gestaltend,
wissend um eure Rolle von galaktischem Ausmaß.

Das ganze Universum schaut auf euch.
Auf einen jeden Schritt, auf eine jede Hingabe an den Weg,
auf ein jedes Hadern, Zaudern, Zögern – und es liebt euch.

Es ist stolz auf euch. In einem jeden einzelnen Moment.
Schlicht weil ihr seid. Weil ihr hier seid.
Weil ihr der Wandel seid.

Weil euer Individuelles, euer kollektives, euer kosmisches
Bewusstsein, weil eure grandiose Mehrdimensionalität,
weil sie Großartiges vollbringt. Einmaliges, Befreiendes,
Erhebendes, Erhellendes, Universen Gestaltendes.

Nichts weniger bewirkt ihr,
nichts weniger bewirkt sie – eure Schöpferkraft.

Kosmische Geschichte, durch euch manifestiert,
in einem jeden einzelnen Moment.

Hol dir deine Macht zurück

Genau darum geht es.
Im Kleinen wie im Großen.
Holt euch eure Macht zurück.

Es ist nur eine Illusion, dass ihr sie abgabt.
Sie ist euch, denn ihr seid sie.

Euer Gefühl, euer Sein, euer Wollen, eure Sehnsucht
nach dem Ungelebten, nichts anderes seid ihr, als diese,
eure, tiefen Seelenwünsche, die ihr mitbringt,
mitsamt der Macht, sie in die Realität zu bringen.

Eure SchöpferMacht und euer SchöpferWille,
sie kommen Hand in Hand mit dem Bewusstsein,
das ihr seid.

Schöpfer sein und Bewusstsein sein,
es ist nichts Getrenntes, es ist Eins.

Holt euch eure Macht zurück.
Holt euch die Erinnerung an euch selber zurück.

An euer wahres Selbst.
An eure Essenz.
An euer Licht.
An euer Strahlen.
An all das, was ihr seid, gekommen, die Trennung zu erfahren
und gekommen, die Trennung zu überwinden.

Es liegt in euren Händen und nur dort. Es ist alles da. Alles!
Und es ist schlicht eine Entscheidung entfernt.

Gibst du deine Macht ab?

An äußere Eindrücke, an innere Erinnerungen,
an Dinge, die jenseits des Momentes
aus deinem Gedächtnis sich bemerkbar machen?

Gibst du ihnen die Macht, diesen und einen jeden
weiteren Moment zu formen oder lebst du dich?
In deiner Größe. Hier und jetzt und heute.

Alles liegt schlicht eine Entscheidung entfernt.

Entscheide dich!

Für dich.
Für deinen Weg.
Für die Verbundenheit mit Allem, was ist.
Das du bist. Das ein jeder einzelne ist.

Gekommen um zu Sein.
Genug zu sein.
Mehr als nur genug zu sein.
Um vollkommen zu sein.

Vollkommen.
In einer jeden Sekunde seiner selbst.
In einem jeden Pulsschlag des Kosmos.
Perfektes Wesen.
Vereint im Tanz mit all den anderen Wesen,
die ihr doch alle Eins seid.

Gekommen, um zu tanzen.
Um Erfahrungen zu machen.
Um euch zu begleiten.
Auf dem Weg nach Hause.
In das AllEine , das ihr nie verlassen habt.

Erinnert euch wieder.
Erinnert euch, liebt euch, lebt euch.
Nehmt eure Schöpfermacht wieder ganz zu euch
und verkörpert sie zum Wohle aller!

Es ist schlicht eine Entscheidung entfernt.

Macht und Demut – Hand in Hand

Lebe deine Schöpfermacht.
Lebe sie auf Erden.

Schöpfermacht ist keine Macht, die ausnutzt.

Es ist eine liebende Macht.
Es ist die Macht, die zum Wohle des Ganzen in die Welt gebracht wird. Es ist die Macht, die Hand in Hand mit der Demut geht. Es ist die Macht, die ein Dienen in Demut zu dem Größten macht, das lebbar ist.

Demut – ist der Mut, den göttlichen Willen zu lieben
und ihn zu leben, da er auch der meine ist.

Demut – ist der Mut, den göttlichen Willen zu lieben
und ihn zu leben, da er auch der deine ist.

Deine Macht zu leben heißt,
den göttlichen Willen als den deinen zu erkennen
und ihm ein Ja aus vollem Herzen zu geben.

Deine Macht zu leben heißt,
deinen freien Willen zu nutzen
und mit diesem Ja zu sagen zu deinem Seelenweg.

Deine Macht zu leben heißt, dienend zu leben.
Als Mensch dem Großen Ganzen zu dienen, da es unser bedarf, um den Großen Plan auf der Erde sichtbar zu machen.

Wir sind Kanal.
Kanal mit einem freiem Willen.

Wir sind Schöpfer und Schöpfung.
Wir sind Leinwand und Akteur.
Wir sind das Universum „in carne“.

Darum lebe dich du Schöpfer,
lebe dich in deiner Macht.

Lebe Macht und Demut – Hand in Hand!

Was immer bleibt ist der freie Wille

Ihr seid frei zu schöpfen, frei zu leben, frei zu lieben
und frei zu leiden. Versteht, dass dies ein Zeichen
von bedingungsloser Liebe ist, dass ihr
auch das Leiden frei wählen dürft.

Wir begleiten euch.
In Zeichen und in Worten, in Gefühlen und in Botschaften.
Denkt nicht, dass Ideen, Inspiration und Kreativität dem Nichts
entspringen. Es ist die Quelle, die durch euch spricht, sprudelt,
sich ausdrückt. Es ist die Quelle, die euch führen möchte –
jederzeit. So wie es zu jeder Zeit euer Wille ist,
euch führen zu lassen – oder auch nicht.

Unsere Schöpferkraft ist eure Schöpferkraft.
Eure Absicht und euer Handeln sind es, die für uns Befehl
sind. Setzt ihr die Inspirationen um, die euch ereilen,
so bereiten wir den Boden –
nachdem ihr den ersten Schritt getan habt.

Euer Wille ist uns Befehl.
Ihr geht und wir arrangieren,
so dass es sich wie fließen anfühlt.

Mitfließen im Strom des Leben beginnt mit eurem Willen
zu lauschen und benötigt euren Willen zu gehen.
Mitfließen ist nicht passiv. Es ist aktiv. Aktive Hingabe an die
Impulse des Göttlichen, die euch zu eurem Wohl erreichen.
Zu eurem und zum Wohl des Ganzen.
Weil ihr nie getrennt seid.

Die Weisheit der Quelle ist unendlich.
Einzig ihr dürft ihr vertrauen, da sie selbst
über die Unendlichkeit den Überblick behält.

Für sich und euch und Alles, was ist.

Außerordentlich

Außerordentlich mutig.
Außerordentlich risikohaft.

Was heißt das schon?

Ich bewege mich außerhalb der Ordnung.
Doch welcher?

Menschengemachter.
Menschendefinierter.
MenschenGefängnisse – selbst generiert.

Ich bewege mich in der Ordnung des Großen Ganzen.
Ich bewege mich in der Ordnung der kosmischen Gesetze,
die keine Macht überschreiben kann.

Außerordentliches kann nur geschehen,
wenn ich die Ordnung verlasse.
Wenn ich die Grenzen überschreite,
die ich mir geben ließ,
um sie als Illusion zu enttarnen.

Die Kraft für Außerordentliches, es ist die göttliche Kraft.
Es ist die Kraft, die wirkt, wenn wir beiseite treten,
wenn das Ego beiseite tritt, wenn die Identifikation Mensch
beiseite tritt, und das fließen darf, das aus der Quelle
durch uns fließen möchte.

Die Quelle ist Kraft und die Quelle ist Macht.
Sie ist eine liebende Macht und keine kontrollierende.
Sie ist eine gütige Macht und keine Angst-verbreitende.
Sie ist schöpferische Kraft in Perfektion.

Sie ist die Quelle allen Seins und damit auch die Quelle
alles Außerordentlichen, im Einklang mit sich selbst
und der übergeordneten Ordnung.

Sie ist Ordnung und Chaos zugleich,
denn nur das Chaos bringt Neues hervor.

Ordnung ist nicht kreativ.

Neu zusammen würfeln und neu erschaffen kann ich nur
außerhalb der Ordnung des Bekannten und gleichzeitig
innerhalb der Ordnung des AllEinen.

Denn nichts ist außerhalb des AllEinen.

Alles Existierende und alles zu Erschaffende,
alles Erfundene und der Raum aller Möglichkeiten
werden begrenzt durch den Raum und die Ordnung
des AllEinen, das grenzenlos ist.

Liebe das Paradoxe!

Liebe dich, erfinde und erschaffe dich – immer wieder neu,
und erkenne, dass eine jede Grenze,
die dir in den Sinn kommt,
nur eine von dir erdachte ist.

Schöpfermacht ist grenzenlos
und wir sind hier, um genau diese zu leben.

Im Kleinen wie im Großen,
im Himmel wie auf Erden,
liebevolle Güte bewegt die Welt,
das Universum
und Alles, was ist.

Die Schöpfung geschieht durch den Nullpunkt

Ohne Nullpunkt, keine Schöpfung.

Es ist der Wandel
aus der Horizontalen in die Vertikale.
Und es ist der Wandel
aus dem Schmerz ins Herz.

Was haben wir uns prägen lassen durch die Erinnerungen
an Vergangenes, ihnen Wert zugesprochen, ihnen Energie
gegeben, um doch gleichzeitig Energie zu verlieren.
Sie waren der Leitstern für Zukünftiges.
Für die Möglichkeiten der Zukunft, so glaubten wir.

Doch nicht so unser wahres Ich.
Das Selbst, das wir sind. Das sich seiner Macht bewusst ist.
Das um seine ihm innewohnende Schöpferkraft weiß,
das um den Raum der Möglichkeiten weiß
und ihn betreten möchte, zum Wohle aller.

Dieses wahre Selbst, es kennt keine Trennung.
Es weiß um die Verbundenheit Allen, was ist,
und schöpft daher zum Wohle aller.

Kein Blick mehr, der nach hinten geht.
Nach hinten, in die Vergangenheit.

Aus dem Jetzt heraus geht der Blick ins Jetzt
und öffnet dadurch die Türen für das Morgen.

Aus dem Herz heraus sollt ihr leben,
aus der Stille heraus sollt ihr hören,
mit eurem dritten Auge sollt ihr sehen.

Euer Herz sollt ihr sprechen lassen,
ihm Ausdruck geben
und dadurch Schöpfung erschaffen.

Der Raum der Möglichkeiten,
er liegt vor euch und in euch und ihr in ihm.

Eure Anbindung ist es, die euch ihn finden lässt.
Eure Anbindung an Alles, was ist.
Eure Anbindung an das Irdische, an Gaia,
und eure Anbindung an das Geistige.
Die Anbindung, die ihr gerne als die nach oben bezeichnet.

Allumfassend ist sie.
Allumfassend darf sie sein.

In der Anbindung an Alles, was ist,
in einem Gleichgewicht in euch
werdet ihr den Zugang finden.

Den Zugang zu eurer Schöpfermacht.
Er geht durch das Herz.
Er geht durch die Stille und er geht durch das Herz.
Er wächst mit der Liebe zu euch und eurem Sein,
das Alles, was ist, einschließt.
Er wächst durch den Ausdruck der Liebe, die ihr seid.
Er wächst durch euer Sein.

Einfach nur Sein
ist der Schlüssel zum Himmel auf Erden.

Ein Nullpunkt, der gefüllt ist, mit Allem, was ist.
Der alles beinhaltet, was ihr euch wünscht,
mitsamt seinem Gegenteil.

Ein Raum, greifbar und ungreifbar zugleich.
Fühlbar und unendlich in seiner Tiefe.

Ein Raum, den, durch alle Dimensionen hindurch,
ihr euch erschließen dürft, durch ein schlichtes Sein,
das alles beinhaltet.

Aus dem Sein heraus sollt ihr leben.
Aus dem Sein heraus sollt ihr handeln.
Aus dem Sein heraus sollt ihr erschaffen.

Aus dem Sein heraus wird für alles gesorgt sein.
Denn das Leben sorgt für sich.
Es kennt den Plan und es kennt dich.
Es kennt den Großen Plan und einen jeden kleinen,
der eben doch auch der große ist.

Nichts ist so wahr wie all das, was paradox erscheint.

Drum liebe ihn, den Nullpunkt
mitsamt Allem, was ist.

Es gibt nur ihn.
Es gibt nur dich.

Die Herzkraft

Die Herzkraft resultiert aus der bewussten Anbindung
an das kosmische Herz. Das kosmische Herz und
das irdische Herz, das Erdenherz.

Sieh dich selbst, sieh den Menschen als Mittler
zwischen Himmel und Erde, zwischen Geist und Materie,
hier, beides zu verbinden, beides zu leben,
die Balance zu sein und zu leben.
Im Sein, aus dem Sein heraus,
dein göttliches Selbst zu leben.

Wofür es eure Entscheidung braucht.

Ein Ja zum Sein.
Ein Ja zum SchöpferSein.
Ein Ja zum Verkörpern eures wahren Selbst.

Im Einklang mit euch und allem, was ist, befinden sich
alle Chakren im Gleichklang. Ihr seid euch eures
Schöpferbewusstseins bewusst, eurer Schöpfermacht,
eurer Schöpferkraft und eurer Herzkraft

Durch euch hindurch, durch das Herz hindurch kanalisiert ihr
schöpferische Energie, um sie in die Materie zu bringen.

Das Herz ist der Schlüssel.
Das Herz ist die Quelle.
In ihm zentriert sich die Unendlichkeit.

Es ist Sender und Empfänger gleichzeitig
und eure Verbindung zu euch, euren Gefühlen,
eurem Nächsten, dem Puls von Mutter Erde und
dem Puls des Kosmos, sie geschieht durch das Herz.

Nutzt es, liebt es, lebt es
und der Weg in das Neue wird euer sein.

Wer bin ich,

wenn nichts vom Alten übrig bleibt?

Mit dieser Frage begann meine Reise und mit dieser Frage begann im weitesten Sinne diese Zusammenstellung der AufwachPerlen. Mit dieser Frage darf sie auch enden und mit einer Auswahl meiner sich wandelnden Antworten.

Wer bin ich, wenn nichts vom Alten übrig bleibt?

Ich bin das Wunder, auf das ich gewartet habe.

Ich bin Schöpferin.

Ich habe mich erschaffen, so wie ich gemeint war.
Dutzende von alten Programmierungen korrigiert.
Dutzende Male angekommen, in Bereichen, die ich nie für möglich gehalten hatte. Nur um zu merken, dass es noch höher, weiter, erfüllter und glückseliger geht.
Dass der Weg gerade erst eingeschlagen und noch lange nicht zu Ende ist.

Ich habe mich erschaffen.
Und der Schlüssel lag im Loslassen. Mein Bild von mir. Das Bild der Anderen von mir. Die Erwartungen der Umgebung und meine eigenen – losgelassen!

Ich habe mich erschaffen, und musste doch eigentlich gar nichts tun. Schon immer war ich vollständig, perfekt und einmalig. Nur durch die Prägungen der ersten Jahrzehnte wurde aus dem Finden harte Arbeit.

Den gewiesenen Weg verlassen und eigene Pfade kreieren, das war der Weg – hin zu mir.
Hin zu der Schöpferin, die sich selbst erschaffen wollte, durfte, und es weiterhin tun wird.

Mit Zuversicht voran,

in einen jeden neuen Moment,
in einen jeden neuen Tag und
in ein jedes neues Jahr!

Wenn ich sodenn gefühlt diese Frage nicht selber beantworte, sondern es schreiben lasse, dann liest sich das so:

Wer bin ich, wenn nichts vom Alten übrig bleibt?

Du bist Weisheit.
Du bist Liebe.
Du bist Sein.

Du bist Schöpfer deines Lebens und Schöpfer deiner eigenen Welt. Du bist Kanal für das Göttliche.

Angebunden an alle himmlischen Kräfte, die durch dich wirken möchten. Angebunden an alle irdischen Kräfte, die durch dich materialisieren möchten.

Du bist.

Im Einklang mit dir selbst.
Körper, Geist und Seele im Einklang mit sich selbst.
Mutter Erde, Vater Himmel und dein SeelenSelbst,
vereint in ihrer Mission, für die sie kamen.

Teil des Aufstieges zu sein.
Teil des Wandels zu sein.
Aktiver Mitspieler im Wandel zu sein,
der seinen Platz im göttlichen Plan erfühlt und erfüllt.

Du bist Liebe.
Du bist Klarheit.
Du bist wegweisend. Für so viele.
Du bist Pionier auf ungegangenen Wegen.

Alleine dadurch, dass es dich gibt,
werden deine Wege nie mehr ungegangen sein.

Deine Erfahrung ist die Erfahrung des AllEinen.

Indem du deinen Weg gehst, speist du sie ein,
deine Erfahrung, deine Weisheit, deine Emotionen.
Sie werden Bewusstsein.
Sie werden zu dem, was du bist.

Du nährst, was du bist, indem du bist.
Du erweiterst das AllEine um dein Sein,
indem du aus dem AllEinen schöpfst für dein Sein.

Du bist Liebe.
Du bist wertvoll.
Du bist.

Mehr als ein „Ich bin“ kann es nicht geben.

Darum lasse los, was nicht länger dein ist.
Lasse los, was nicht länger mit dir schwingen möchte.
Lasse los, was dich beschwert.
Im Geistigen wie im Weltlichen.

Das Wesen, das du bist, das Wesen, das du wirst,
es wird zum Segen für sich selbst.
Für sich, für alle und für die Welt.

Ein jedes Wesen, das loslässt,
das sich in Hingabe an das Leben dem Leben ergibt,
wird zu einem bewussten Schöpfer seiner Selbst.
Seines wahren Selbst.

Es wird zum Schöpfer des einen wahren Puzzlestückes
im göttlichen Plan, den zu erfüllen, es gekommen ist.
Den zu leben, du gekommen bist.

Wer bist du, wenn nichts vom Alten übrig bleibt?

Vollkommenheit.
Vollkommene Liebe.
Vollkommene Weisheit.
Vollkommenes Sein.

Du bist die Liebe deines Lebens
an einem jeden einzelnen Tag.

Der Vollständigkeit halber – zum Zeitpunkt des Erschaffens dieses Werkes – schenke euch auch noch eine dritte Variante. Wie auch immer meine Antwort morgen lauten mag ...

Wer bin ich, wenn nichts vom Alten übrig bleibt?

Wer du bist?

DU!

Eternal Cosmic Consciousness.

Fern jeder Limitierung.
Gekommen, um zu sein.

Um den Funken des AllEinen in deiner Einmaligkeit
in die Welt zu tragen. Um aus der Quelle genährt
dein Licht zu verströmen, auf ewig genährt und gehalten
im Licht und der Liebe des AllEinen.

Wovor also hast du Angst?

Lasse los, was nicht dein ist
und du wirst mehr und mehr erfahren von dem,
was dein ist.

In der Leere zeigt sich die Fülle.

Es braucht die Leere.
Wie sonst sollte aus Nichts Alles werden?

Lasse los!

Einmal mehr. Eine jede Hoffnung, eine jede Erwartung,
einen jeden Wunsch, und das Leben wird dich
beschenken mit dem Unfassbaren.

Mit der Gnade und der Güte des AllEinen,
die sich dir präsentieren möchte, die durch dich gelebt
und gepriesen werden möchte.

Das Leben wird dich beschenken mit dem, was es ist
– unendliche Fülle, unendliche Liebe, unendliches Licht –
wenn nichts vom Alten übrig bleibt.

Wozu also festhalten!?

Lasst uns loslassen.
Loslassen und an uns glauben.

An die Wunder, die wir sind und an all die Wunder,
die einer leeren Landebahn bedürfen, um zu landen.

Im tiefen Glauben an die Schöpferwesen in uns,
im tiefen Glauben und in Zuversicht voran!

Auf dass wahrlich nichts vom Alten übrig bleibt!

Wer bist Du, wenn nichts vom Alten übrig bleibt?